Gottes Licht begleite dich

# Gottes Licht begleite dich

Die schönsten Geschichten
zur Weihnachtszeit

benno
VERLAG

Zusammengestellt und herausgegeben von
Volker Bauch, Leipzig

Bibliografische Information der Deutschen Bibliothek
Die Deutsche Bibliothek verzeichnet diese Publikation
in der Deutschen Nationalbibliografie;
detaillierte bibliografische Daten sind im Internet über
http://dnb.ddb.de abrufbar.

ISBN 978-3-7462-2381-0


Stammerstr. 11, 04159 Leipzig
www.st-benno.de
Umschlaggestaltung: Ulrike Vetter, Leipzig unter Verwendung
eines Bildes von picture-alliance/ZB/Steffen Füssel
Gesamtherstellung: Kontext, Lemsel (A)

Doch aus dem Baumstumpf Isais
wächst ein Reis hervor,
ein junger Trieb aus seinen Wurzeln bringt Frucht.
Der Geist des Herrn lässt sich nieder auf ihm:
der Geist der Weisheit und der Einsicht,
der Geist des Rates und der Stärke,
der Geist der Erkenntnis und der Gottesfurcht.

Jesaja 11,1-2

# EIN FRISCHER, GRÜNER TRIEB

Wir sägten Holz, griffen dabei nach einem Ulmenbalken und schrien auf. Seit im vorigen Jahr der Stamm gefällt wurde, war er vom Traktor geschleppt und in Teile zersägt worden, zu Stapeln gerollt, auf die Erde geworfen – aber der Ulmenbalken hatte sich nicht ergeben!

Er hatte einen frischen grünen Trieb hervorgebracht – eine ganze künftige Ulme oder einen dichten, rauschenden Zweig.

Wir hatten den Stamm bereits auf den Block gelegt, wie auf einen Richtblock; doch wagten wir nicht, mit der Säge in seinen Hals zu schneiden. Wie hätte man ihn zersägen können? Wie sehr er doch leben will – stärker als wir!

*Alexander Solschenizyn*

## ANEKDOTE UM RAINER MARIA RILKE

Gemeinsam mit einer jungen Französin kam er um die Mittagszeit an einem Platz vorbei, an dem eine Bettlerin saß und um Geld bat. Sie hielt sich immer am gleichen Ort auf und nahm die Almosen entgegen, ohne auch nur einen Blick auf die Geber zu verschwenden.

Rilke gab ihr nie etwas, während seine Begleiterin der Frau öfter Geld gab.

Als die Französin eines Tages fragte, warum Rilke der Frau nie etwas gebe, erhielt sie zur Antwort, dass man ihrem Herzen und nicht ihrer Hand etwas schenken solle.

Einige Tage darauf brachte Rilke der Bettlerin eine schöne, frisch erblühte Rose und legte sie in die um Almosen bittende Hand.

Da geschah etwas Unerwartetes: Die Bettlerin blickte zu dem Geber auf, erhob sich mühsam vom Boden und ging mit der Rose davon.

Eine Woche war die Bettlerin nicht mehr zu sehen. Dann saß sie wieder wie zuvor an ihrem gewohnten Platz und wandte sich weder mit einem Blick noch mit einem Wort an ihre Geber. Auf die

Frage der Französin, wovon die Frau während der Zeit gelebt habe, in der sie kein Almosen erhalten habe, antwortete Rilke: »Von der Rose.«

## DIE VERHEISSUNG DER GEBURT JESU

Im sechsten Monat wurde der Engel Gabriel von Gott in eine Stadt in Galiläa namens Nazaret zu einer Jungfrau gesandt. Sie war mit einem Mann namens Josef verlobt, der aus dem Hause David stammte. Der Name der Jungfrau war Maria.

Der Engel trat bei ihr ein und sagte: Sei gegrüßt, du Begnadete, der Herr ist mit dir.

Sie erschrak über die Anrede und überlegte, was dieser Gruß zu bedeuten habe.

Da sagte der Engel zu ihr: Fürchte dich nicht, Maria; denn du hast bei Gott Gnade gefunden. Du wirst ein Kind empfangen, einen Sohn wirst du gebären: dem sollst du den Namen Jesus geben. Er wird groß sein und Sohn des Höchsten genannt werden. Gott, der Herr, wird ihm den Thron seines

Vaters David geben. Er wird über das Haus Jakob in Ewigkeit herrschen, und seine Herrschaft wird kein Ende haben.
Maria sagte zu dem Engel: Wie soll das geschehen, da ich keinen Mann erkenne?
Der Engel antwortete ihr: Der Heilige Geist wird über dich kommen, und die Kraft des Höchsten wird dich überschatten. Deshalb wird auch das Kind heilig und Sohn Gottes genannt werden. Auch Elisabet, deine Verwandte, hat noch in ihrem Alter einen Sohn empfangen; obwohl sie als unfruchtbar galt, ist sie jetzt schon im sechsten Monat. Denn für Gott ist nichts unmöglich.
Da sagte Maria: Ich bin die Magd des Herrn; mir geschehe, wie du es gesagt hast.
Dananch verließ sie der Engel.

*Lukas* 1,26-38

# VERKÜNDIGUNG

## Die Worte des Engels

Du bist nicht näher an Gott als wir;
wir sind ihm alle weit.
Aber wunderbar sind dir
die Hände benedeit.
So reifen sie bei keiner Frau,
so schimmernd aus dem Saum:
Ich bin der Tag, ich bin der Tau,
du aber bist der Baum.

Ich bin jetzt matt, mein Weg war weit,
vergib mir, ich vergaß,
was Er, der groß in Goldgeschmeid
wie in der Sonne saß,
dir künden ließ, du Sinnende,
(verwirrt hat mich der Raum).
Sieh: Ich bin das Beginnende,
du aber bist der Baum.

Ich spannte meine Schwingen aus
und wurde seltsam weit;
jetzt überfließt dein kleines Haus
von meinem großen Kleid.

Und dennoch bist du so allein
wie nie und schaust mich kaum;
das macht: Ich bin ein Hauch im Hain,
du aber bist der Baum.

Die Engel alle bangen so,
lassen einander los:
Noch nie war das Verlangen so,
so ungewiss und groß.
Vielleicht, dass etwas bald geschieht,
das du im Traum begreifst.
Gegrüßt sei, meine Seele sieht:
Du bist bereit und reifst.
Du bist bist ein großes, hohes Tor,
und aufgehn wirst du bald.
Du, meines Liedes liebstes Ohr,
jetzt fühle ich: Mein Wort verlor
sich in dir wie im Wald.

So kam ich und vollendete
dir tausendeinen Traum.
Gott sah mich an; er blendete ...

Du aber bist der Baum.

*Rainer Maria Rilke*

# »SIEHE, ICH VERKÜNDIGE EUCH GROSSE FREUDE«

Die Hirten fürchteten sich sehr. Denn die Engel kamen zu ihnen mit hellem Glanz und großem Licht, so dass das Licht in der finstern Nacht leuchtete, als wäre der Himmel eitel Feuer, und dass die Hirten nicht anders meinten, als wäre es der Blitz. Damit ist angezeigt, dass dieser König denen geboren sei, die in Furcht und Schrecken sind, und auch diese allein in sein Reich gehören. Denen soll man auch predigen, wie der Engel den armen, erschrockenen Hirten predigt: »Siehe, ich verkündige euch große Freude.«

Was ist das für Freude? Höre, was der Engel sagt: »Siehe, ich verkündige euch große Freude, die allem Volk widerfahren wird.« Das ist, als wollte er sagen: Es wird diese Freude wohl allem Volk angeboten, aber doch sind dieser Freude allein die fähig, die erschrockenen Gewissens und betrübten Herzens sind. Diese gehören zu mir und zu meiner Predigt, denen will ich etwas Gutes verkündigen. Ist das nicht ein großes Wunder, dass diese Freude da am nächsten sein soll, wo die größte Unruhe des Gewissens ist? Wo man in

Furcht und Schrecken steckt, da soll so herrliche, leibliche, süße Freude hinkommen, so dass es ein menschlich Herz schwerlich ergreifen und annehmen kann? Zu den Hirten kommt so ein schönes Licht und ein Glanz, davor alle Finsternisse der Welt weichen müssen, dennoch erschrecken sie davor und fürchten sich sehr. Soll man denn vor Freude erschrecken und sich vor so schönem Licht fürchten? Wohlan, da steht's geschrieben, dass die Hirten sich vor des Herrn Klarheit, welche um sie geleuchtet hat, gefürchtet haben. Und so soll's auch sein und nicht anders.

*Martin Luther*

## CHRISTLIED

Vom Himmel kam der Engel Schar,
Erschien den Hirten offenbar,
Sie sagten ihn': Ein Kindlein zart,
Das liegt dort in der Krippen hart.

Zu Bethlehem in Davids Stadt,
Wie Micha das verkündet hat.
Es ist der Herre Jesus Christ,
Der euer aller Heiland ist.

Des sollt ihr billig fröhlich sein,
Dass Gott mit euch ist worden ein.
Er ist geborn eur Fleisch und Blut,
Eur Bruder ist das ewig Gut.

Was kann euch tun die Sünd und Tod?
Ihr habt mit euch den wahren Gott.
Lasst zürnen Teufel und die Höll:
Gotts Sohn ist worden eur Gesell.

Er will und kann euch lassen nicht,
Setzt ihr auf ihn eur Zuversicht.
Es mögen euch viel fechten an:
Dem sei Trotz, ders nicht lassen kann.

Zuletzt müsst ihr doch haben recht,
Ihr seid nun worden Gotts Geschlecht.
Des danket Gott in Ewigkeit,
Geduldig, fröhlich allezeit.

*Martin Luther*

# ARGWOHN JOSEPHS

Und der Engel sprach und gab sich Müh
an dem Mann, der seine Fäuste ballte:
Aber siehst du nicht an jeder Falte,
dass sie kühl ist wie die Gottesfrüh.

Doch der andre sah ihn finster an,
murmelnd nur: Was hat sie so verwandelt?
Doch da schrie der Engel: Zimmermann,
merkst du's noch nicht, dass der Herrgott handelt?

Weil du Bretter machst, in deinem Stolze,
willst du wirklich den zu Rede stelln,
der bescheiden aus dem gleichen Holze
Blätter treiben macht und Knospen schwelln?

Er begriff. Und wie er jetzt die Blicke,
recht erschrocken, zu dem Engel hob,
war der fort. Da schob er seine dicke
Mütze langsam ab. Dann sang er lob.

*Rainer Maria Rilke*

## VON ENGELN BESUCHT WERDEN

Christus wurde im Winter, wurde zu nächtlicher Stunde geboren. In seiner Hand sind Winter und Sommer, Tag und Nacht. Aber er kommt zu solch rauer Jahreszeit, in solcher Finsternis zur Welt – sollte das Zufall sein? Kein Kind wählt sich die Zeit, da es geboren werden will. Die anderen Kinder, die zu leben anfangen, haben keine freie Wahl und Überlegung. Wenn auch Christus noch nicht Mensch war, so war er doch von Anfang an bei Gott und selber Gott, mit derselben Weisheit und Kraft ausgerüstet wie jetzt, da er ja Gottes Kraft und Gottes Weisheit ist.

Als nun der Sohn Gottes in der Welt erscheinen wollte, wählte er, da er ja nach Belieben die Zeit auswählen konnte, die beschwerlichste, zumal für ein kleines Kind und den Sohn einer armen Mutter, die kaum Windeln hatte, ihn einzuhüllen und eine Krippe, ihn darein zu legen. Gewiss war die Not groß, doch nichts hörte man von Pelzen. Der erste Adam kleidete sich in Tierfelle, der zweite wird in Windeln gewickelt. Die Welt hat hierin andere Ansichten. Wessen Urteil ist nun falsch, das Urteil Christi oder das der Welt? Christus, der sich nicht irren kann, hat das gewählt, was dem Fleisch am beschwerlichsten ist. Außerdem wird Christus in einem Stall geboren und in eine Krippe gelegt. Ist es nicht er, der da sagt: „Mein ist der Erdkreis und was ihn erfüllt«? Warum also hat er einen Stall gewählt? Gewiss, um die Ehre der Welt anzuzweifeln. Noch spricht seine Zunge nicht, und doch – alles an ihm ruft, predigt, verkündigt. Selbst die zarten Gliederchen des Kindleins schweigen nicht. In allem wird das Urteil der Welt bestritten, umgestoßen, in seiner Fraglichkeit gezeigt. Gibt man ihm freie Wahl, welcher Mensch wählte nicht lieber einen starken Körper und ein reiferes Alter als das Kindesalter? Aber Gott hat die wahre Weisheit aus der Verborgenheit ans Licht gezogen. O fleischgewordene Weisheit! Wahrhaftig, Brüder, das Wort ist Fleisch geworden und hat unter uns gewohnt. Solange es im Anfang bei Gott war, wohnte es in unzugänglichem Licht, und niemand konnte es begreifen. Wer hat den Sinn des Herrn erforscht, wer war sein Ratgeber? Der fleischliche Mensch fasst nicht, was vom Geiste ist, doch jetzt soll auch der fleischliche Mensch begreifen, weil das Wort Fleisch geworden ist. Wenn er nur das Fleisch begreifen kann, so soll er wenigstens vernehmen, was das Fleisch ihm sagt.

O Mensch, im Fleisch offenbart sich dir jene Weisheit, die einst verborgen war. Jetzt tritt sie aus der Verborgenheit hervor und stellt sich deinen Sinnen dar. Dies predigt dir jener Stall, dies ruft dir die Krippe zu. Hoffnung regt zur Erneuerung an und entzündet das Verlangen nach Heilung noch heftiger. Diesen Trost vermehrt noch das Erscheinen der Engel und die Worte, die sie an die wachenden Hirten richten. Wehe den Reichen, sie haben ihren Trost bereits empfangen, so dass sie keinen himmlischen mehr verdienen.
Wie viele Vornehme, wie viele Mächtige, wie viele Weise dieser Welt ruhten in jener Stunde ahnungslos in ihren Betten. Ach, keiner von ihnen wurde gewürdigt, jene große Freude zu erfahren und der Engel Lobgesang zu hören: »Ehre sei Gott in der Höhe.« Die Menschen sollen also wissen, dass, wer nicht der anderen Not und Mühsal teilt, auch nicht verdient, von Engeln besucht zu werden. Sie sollen wissen, wie hoch die Himmelsbürger eine Arbeit einschätzen, die aus reinem Glauben geschieht. Würdigen sie doch jene, die sich von leiblicher Not getrieben für den Unterhalt des Leibes mühen, ihrer Anrede, einer so beglückenden Anrede. Sie erkennen eben die Bestimmung, die Gott in Adam allen Menschen

gab: »Im Schweiße deines Angesichts sollst du dein Brot essen.«
Ich möchte so gründlich wie möglich erwägen und des inne werden, welch' große Dinge Gott zu unserer Ermunterung und zu unserem Heile getan hat. Denn ein so lebendig wirksames Wort, so verlässlich und aller Annahme wert, nicht sosehr ein Wort des Mundes als der Tat, soll nicht fruchtlos bleiben. Glaubt ihr, Brüder, es machte mir keinen Schmerz, wenn ich wüsste, dass eben dieses Wort, das ich jetzt an euch richte, spurlos und ohne jeden Nutzen in euren Herzen verhallte? Wenn nun ein armseliger Mensch sich schon darüber ärgert, dass die geringe Mühe seiner Reden ohne Nutzen ist, mit wie viel mehr Recht wird der Herr der Herrlichkeit sich wohl entrüsten, wenn seine große Mühe durch unsere Herzenshärte oder Gleichgültigkeit erfolglos bleiben sollte. Davor möge er seine Knechte bewahren.

*Bernhard von Clairvaux*

# EIN STERN FÜHRT DURCH DIE DUNKELHEIT

Die Adventszeit hat für mich als Kind immer sehr bewegt. Und sie berührt mich auch heute noch. Wenn ich die wunderbaren Texte aus dem Propheten Jesaja höre und die Adventslieder singe, dann komme ich in Berührung mit einer tiefen Sehnsucht, dass mein Leben heil wird und dass Gott diese Welt mit seinem Frieden und seiner Liebe erfüllen möge. Es ist keine nostalgische Sehnsucht, sondern eine Sehnsucht, die mein Leben und das Leben der Menschen um mich herum und aller Völker verwandeln will. Es sind keine salbungsvollen Worte, die ich nur höre, um mich wohl zu fühlen, sondern Worte, die mir die Augen öffnen, damit ich diese Welt hoffnungsvoller sehe. Wenn mein Herz voller Hoffnung ist für die Menschen, dann werde ich anders mit ihnen umgehen. Die Hoffnung, die die Adventszeit in mir bewirkt, bleibt nicht folgenlos für diese Welt. Sie ist wie ein Sauerteig, der das Mehl dieser Welt zu durchsäuern vermag.
Ein Bild für die Sehnsucht, die die Adventszeit in uns wecken möchte, ist der Stern. Der Stern, der

am nächtlichen Himmel leuchtet, ist seit jeher ein Symbol für das göttliche Licht, das die menschliche Finsternis erhellt. Mich fasziniert jedes Mal, wenn nachts ein klarer Sternenhimmel leuchtet. Mein Vater hat mir schon als Kind die vielen Sternenbilder erklärt. Sterne drücken die Sehnsucht aus, dass Gott meine innere Dunkelheit erleuchtet und dass er mir in der Fremde Heimat schafft. Im Internat hat uns unser Regens immer wieder das Lied vorgesungen, das er in amerikanischer Gefangenschaft seinen Mitgefangenen singen musste: „Heimat, deine Sterne«.

Die Adventszeit verheißt uns, dass Gott in unsere Welt kommt, Und wenn Gott in unsere Welt kommt, dann wird die Welt für uns zur Heimat. Denn daheim sein kann man nur, wo das Geheimnis wohnt. Durch Gottes Kommen in unsere Welt wird diese Welt für uns zur Wohnung. Das deutsche Wort »wohnen« heißt von der indogermanischen Wurzel her: »Behagen empfinden, Gefallen finden, bleiben«. Ich kann nur dort wohnen, wo ich mich wohl fühle. Und offensichtlich haben die Menschen seit jeher gespürt, dass sie es bei sich nicht aushalten können, wenn nicht Gott bei ihnen wohnt. Ohne Gott wird die Welt unmenschlich und hart. Doch wenn Gott bei uns Wohnung nimmt, in der Seele

jedes Einzelnen, in unseren Häusern und Gemeinschaften, in dieser Welt, dann wird diese Welt ein Ort, an dem wir bleiben, wohnen können.
Und deshalb schmücken wir unsere Häuser in der Adventszeit, damit sie »wohnlich« werden, damit im Tannengrün Leben kommt in unsere Starre, im Licht der Kerze Helligkeit in unsere Finsternis und Wärme in unsere Kälte. Und wir hängen Sterne an unsere Fenster, um unsere Sehnsucht nach Heimat und Geborgenheit auszudrücken, die Gott uns jetzt schon schenkt, indem er zu uns kommt, und die er als ewige Wohnung für uns bereithält, wenn er für immer kommen wird, um diese Welt heimzuholen in sein ewiges Licht.
Der Stern der Sehnsucht führt uns in der Adventszeit durch die Dunkelheit. Die Zeit des Advents ist die Zeit, in der unsre vielen Süchte wieder in Sehnsucht verwandelt werden. Wenn wir auf dem Grund unserer Süchte die Sehnsucht entdecken, dann wird unser Leben heil, dann weitet sich das Herz. Sucht ist immer Muttterersatz, ein Zurück in den bergenden Mutterschoß. Aber Sucht führt immer in die Illusion. Die Sehnsucht, die der Adventsstern in uns weckt, lädt uns ein, uns auf diese Welt einzulassen und uns mit ihr auszusöhnen, weil sie nicht die unwirtliche und oft genug

feindliche Welt ist, sondern eine Welt, die durch das Kommen Gottes zur Heimat geworden ist.

*Anselm Grün*

## DER FRIEDEN DES WINTERS

Der Winter weckt mein Weh,
wenn die Blätter welken.
Oft seufze ich und trauere,
wenn ich nur daran denke,
wie dieser Welten Schönheit
zu nichts vergehen wird.

Möge ich mit dir, oh Gott,
immer in Frieden leben,
und möge der Friede des Himmels
erstrahlen über mich und meine Familie
und das Haus meines Nachbarn.

*Irischer Segenswunsch*

# EIN WINTERABEND

Wenn der Schnee ans Fenster fällt,
Lang die Abendglocke läutet,
Vielen ist der Tisch bereitet
Und das Haus ist wohlbestellt.

Mancher auf der Wanderschaft
Kommt ans Tor auf dunklen Pfaden.
Golden blüht der Baum der Ganden
Aus der Erde kühlem Saft.

Wanderer tritt still herein;
Schmerz versteinerte die Schwelle.
Da erglänzt in reiner Helle
Auf dem Tische Brot und Wein.

*Georg Trakl*

# »WACHET AUF«, RUFT UNS DIE STIMME

»Wachet auf«, ruft uns die Stimme
der Wächter sehr hoch auf der Zinne,
»wach auf, du Stadt Jerusalem.«
Mitternacht heißt diese Stunde;
sie rufen uns mit hellem Munde:
»Wo seid ihr klugen Jungfrauen?
Wohlauf, der Bräutigam kommt;
steht auf, die Lampen nehmt.
Halleluja.
Macht euch bereit zu der Hochzeit,
ihr müsset ihm entgegengehn.«

Zion hört die Wächter singen;
das Herz tut ihr vor Freude springen,
sie wachet und steht eilend auf.
Ihr Freund kommt vom Himmel prächtig,
von Gnaden stark, von Wahrheit mächtig;
ihr Licht wird hell, ihr Stern geht auf.
»Nun komm, du werte Kron,
Herr Jesu, Gottes Sohn.
Hosianna.
Wir folgen all zum Freudensaal
und halten mit das Abendmahl.«

Gloria sei dir gesungen
mit Menschen- und mit Engelszungen,
mit Harfen und mit Zimbeln schön.
Von zwölf Perlen sind die Tore
an deiner Stadt; wir stehn im Chore
der Engel hoch um deinen Thron.
Kein Aug hat je gespürt,
kein Ohr hat mehr gehört
solche Freude.
Des jauchzen wir und singen dir
das Halleluja für und für.

*Philipp Nicolai*

## ENGEL BRAUCHEN KEINE FLÜGEL

Seht den Engel auf dem Felde,
wie er steht im hellen Licht
und von Frieden, Freude kündet
und von Gottes Liebe spricht.

Hirten nachts auf dunklem Felde
hat die Botschaft einst berührt,
haben wir in diesen Tagen
Gottes Worte neu gespürt?

Treffen wir noch heute Engel
in dem Dunkel unsrer Nacht?
Schrecken wir vorm Glanz des Himmels,
den der helle Stern entfacht?

Engel brauchen keine Flügel,
keinen Glanz und keinen Stern.
Doch sie brauchen offne Herzen
und die Botschaft ihres Herrn.

Boten brauchen keine Harfen,
keinen heilgen fernen Ort.
Boten brauchen offne Hände,
auf den Lippen Gottes Wort.

Herr, hilf uns die Herzen öffnen,
dass wir deinen Ruf verstehn,
dass wir selbst zu Boten werden,
und zu unsern Nächsten gehn.

*Barbara Cratzius*

## WINTERMORGEN

Erst gestern war es, denkst du daran?
Es ging der Tag zur Neige.
Ein böser Schneesturm da begann
und brach die dürren Zweige.

Der Sturmwind blies die Sterne weg,
die Lichter, die wir lieben.
Vom Monde gar war nur ein Fleck,
ein gelber Schein geblieben.

Und jetzt? So schau doch nur hinaus:
Die Welt ertrinkt in Wonne.
Ein weißer Teppich liegt jetzt aus.
Es strahlt und lacht die Sonne.

Wohin du siehst: Ganz pudelweiß
geschmückt sind alle Felder.
Der Bach rauscht lustig unterm Eis.
Nur finster stehn die Wälder.

*Alexander Puschkin*

# ES GIBT SO WUNDERWEISSE NÄCHTE

Es gibt so wunderweiße Nächte,
drin alle Dinge Silber sind.
Da schimmert mancher Stern so lind,
als ob er fromme Hirten brächte
zu einem neuen Jesuskind.

Weit wie mit dichtem Demantstaube
bestreut, erscheinen Flur und Flut,
und in die Herzen, traumgemut,
steigt ein kapellenloser Glaube,
der leise seine Wunder tut.

*Rainer Maria Rilke*

# WIE SOLL ICH DICH EMPFANGEN?

Wie soll ich dich empfangen,
und wie begegn' ich dir,
o aller Welt Verlangen, o meiner Seele Zier?
O Jesu, Jesu, setze mir selbst die Fackel bei,
damit, was dich ergötze, mir kund und wissend sei!

Dein Zion streut dir Palmen
und grüne Zweige hin,
und ich will dir in Psalmen
ermuntern meinen Sinn.
Mein Herze soll dir grünen
in stetem Lob und Preis
und deinem Namen dienen,
so gut es kann und weiß.

Was hast du unterlassen
zu meinem Trost und Freud',
als Leib und Seele saßen in ihrem größten Leid?
Als mir das Reich genommen,
da Fried' und Freude lacht,
da bist du, mein Heil, kommen
und hast mich froh gemacht.

Ich lag in schweren Banden,
du kommst und machst mich los;
ich stand in Spott und Schanden,
du kommst und machst mich groß
und hebst mich hoch zu Ehren
und schenkst mir großes Gut,
das sich nicht lässt verzehren,
wie irdisch Reichtum tut.

Nichts, nichts hat dich getrieben
zu mir vom Himmelszelt
als das geliebte Lieben, damit du alle Welt
in ihren tausend Plagen und großen Jammerlast,
die kein Mund kann aussagen,
so fest umfangen hast.

Das schreib dir in dein Herze,
du hochbetrübtes Heer,
bei denen Gram und Schmerze
sich häuft je mehr und mehr.
Seid unverzagt! Ihr habet die Hilfe vor der Tür;
der eure Herzen labet und tröstet, steht allhier.

Auch dürft ihr nicht erschrecken
vor eurer Sünden Schuld;

nein, Jesus will sie decken
mit seiner Lieb' und Huld.
Er kömmt, er kömmt den Sündern
zu Trost und wahrem Heil,
schafft, dass bei Gottes Kindern
verbleib' ihr Erb und Teil.

*Paul Gerhardt*

## O HEILAND, REISS DIE HIMMEL AUF

O Heiland, reiß die Himmel auf,
herab, herauf vom Himmel lauf!
Reiß ab vom Himmel Tor und Tür,
reiß ab, was Schloss und Riegel für.

O Gott, ein' Tau vom Himmel gieß,
im Tau herab, o Heiland, fließ.
Ihr Wolken, brecht und regnet aus
den König über Jakobs Haus.

O Erd, schlag aus, schlag aus, o Erd,
dass Berg und Tal, grün alles werd'!
O Erd, herfür dies Blümlein bring,
o Heiland, aus der Erden spring!

Wo bleibst du, Trost der ganzen Welt,
darauf die Welt all Hoffnung stellt?
O komm, ach komm vom höchsten Saal,
komm, tröst uns hier im Jammertal.

O klare Sonn, du schöner Stern,
dich wollten wir anschauen gern;
o Sonn, geh auf; ohn deinen Schein
in Finsternis wir alle sein.

Hier leiden wir die größte Not,
vor Augen steht der bittre Tod.
Ach, komm, führ uns mit starker Hand
vom Elend zu dem Vaterland!

Da wollen wir all danken dir,
unserm Erlöser für und für.
Da wollen wir all loben dich,
je allzeit immer und ewiglich.

*Friedrich Spee*

# ES KOMMT EIN SCHIFF GELADEN

Es kommt ein Schiff geladen,
bis an sein' höchsten Bord,
trägt Gottes Sohn voll Gnaden,
des Vaters ewig's Wort.

Das Schiff geht still im Triebe,
es trägt ein teure Last.
Das Segel ist die Liebe,
der Heilig Geist der Mast.

Der Anker haft' auf Erden,
da ist das Schiff am Land.
Das Wort will Fleisch uns werden,
der Sohn ist uns gesandt.

Zu Bethlehem geboren
im Stall ein Kindelein,
gibt sich für uns verloren:
Gelobet muss es sein.

Und wer dies Kind mit Freuden
umfangen, küssen will,
muss vorher mit ihm leiden
groß Pein und Marter viel,

danach mit ihm auch sterben
und geistlich auferstehn,
das ewig Leben erben,
wie an ihm ist geschehn.

Maria, Gottes Mutter,
gelobet musst du sein.
Jesus ist unser Bruder,
das liebe Kindelein.

*Elsass* 15. *Jh.*
*bearbeitet von* Daniel Sudermann *um* 1626

# NUN KOMM, DER HEIDEN HEILAND

Nun komm, der Heiden Heiland,
der Jungfrauen Kind erkannt,
dass sich wunder alle Welt,
Gott solch Geburt ihm bestellt.

Er ging aus der Kammer sein,
dem königlichen Saal so rein,
Gott von Art und Mensch, ein Held;
sein Weg er zu laufen eilt.

Sein Lauf kam vom Vater her
und kehrt wieder zum Vater,
für hinunter zu der Höll
und wieder zu Gottes Stuhl.

Dein Krippen glänzt hell und klar,
die Nacht gibt ein neu Licht dar.
Dunkel muss nicht kommen drein,
der Glaub bleibt immer im Schein.

Lob sei Gott dem Vater g'tan;
Lob sei Gott seim ein'gen Sohn,
Lob sei Gott dem Heiligen Geist
immer und in Ewigkeit.

*Text: Ambrosius von Mailand 4. Jh. »Veni redemptor gentium«*
*Übertragung: Martin Luther 1524*

## VERSE ZUM ADVENT

Noch ist Herbst nicht ganz entflohn,
Aber als Knecht Ruprecht schon
Kommt der Winter her geschritten,
Und alsbald aus Schnees Mitten
Klingt des Schlittenglöckleins Ton.

Und was jüngst noch, fern und nah,
Bunt auf uns hernieder sah,
Weiß sind Türme, Dächer, Zweige,
Und das Jahr geht auf die Neige,
Und das schönste Feste ist da.

Tag du der Geburt des Herrn,
Heute bist du uns noch fern,
Aber Tannen, Engel, Fahnen
Lassen uns den Tag schon ahnen,
Und wir sehen schon den Stern.

*Theodor Fontane*

## DIE GEBURT JESU

In jenen Tagen erließ Kaiser Augustus den Befehl, alle Bewohner des Reiches in Steuerlisten einzutragen. Dies geschah zum ersten Mal; damals war Quirinius Statthalter von Syrien. Da ging jeder in seine Stadt, um sich eintragen zu lassen. So zog auch Josef von der Stadt Nazaret in Galiläa hinauf nach Judäa in die Stadt Davids, die Betlehem heißt; denn er war aus dem Haus und Geschlecht Davids. Er wollte sich eintragen lassen mit Maria, seiner Verlobten, die ein Kind erwartete.

Als sie dort waren, kam für Maria die Zeit ihrer Niederkunft, und sie gebar ihren Sohn, den Erstgeborenen. Sie wickelte ihn in Windeln und legte ihn in eine Krippe, weil in der Herberge kein Platz für sie war.
In jener Gegend lagerten Hirten auf freiem Feld und hielten Nachtwache bei ihrer Herde. Da trat der Engel des Herrn zu ihnen und der Glanz des Herrn umstrahlte sie. Sie fürchteten sich sehr, der Engel aber sagte zu ihnen: Füchtet euch nicht, denn ich verkünde euch eine große Freude, die dem ganzen Volk zuteil werden soll: Heute ist euch in der Stadt Davids der Retter geboren; er ist der Messias, der Herr. Und das soll euch als Zeichen dienen: Ihr werdet ein Kind finden, das, in Windeln gewickelt, in einer Krippe leigt.
Und plötzlich war bei dem Engel ein großes himmlisches Heer, das Gott lobte und sprach: Verherrlicht ist Gott in der Höhe und auf Erden ist Friede bei den Menschen seiner Gnade.
Als die Engel sie verlassen hatten und in den Himmel zurückgekehrt waren, sagten die Hirten zueinander: Kommt, wir gehen nach Betlehem, um das Ereignis zu sehen, das uns der Herr verkünden ließ.
So eilten sie hin und fanden Maria und Josef und

das Kind, das in der Krippe lag. Als sie es sahen, erzählten sie, was ihnen über dieses Kind gesagt worden war. Und alle, die es hörten, staunten über die Worte der Hirten.
Maria aber bewahrte alles, was geschehen war, in ihrem Herzen und dachte darüber nach.
Die Hirten kehrten zurück, rühmten Gott und priesen ihn für das, was sie gehört und gesehen hatten; denn alles war so gewesen, wie es ihnen gesagt worden war.

*Lukas* 2,1-20

# DAS VERSTECKSPIEL

Rabbi Baruchs Enkel, der Knabe Jechiel, spielte einst mit einem andern Knaben Verstecken. Er verbarg sich gut und wartete, dass ihn sein Gefährte suchte. Als er lange gewartet hatte, kam er aus dem Versteck; aber der andere war nirgends zu sehen. Nun merkte Jechiel, dass jener ihn von Anfang an nicht gesucht hatte. Darüber musste er weinen, kam weinend in die Stube seines Großvaters gelaufen und beklagte sich über den bösen Spielgenossen. Da flossen Rabbi Baruch die Augen über, und er sagte: »So spricht Gott auch: ›Ich verberge mich, aber keiner will mich suchen.‹«

*Martin Buber*

In dieser kleinen Geschichte kann ein Christ das ganze Weihnachtsgeheimnis aufgeblättert finden. Gott verbirgt sich. Er blendet uns nicht mit dem Glanz seiner Herrlichkeit; er zwingt uns nicht in die Knie mit seiner Macht. Er will, dass zwischen ihm und uns das Geheimnis der Liebe entstehe, das Freiheit voraussetzt. Er will, dass da das Warten, das Suchen, das Hingehen und das Finden sei, aus dem jenes Ja der Liebe vom Geschöpf her neu entsteht, das in ihm sein eigenes, ewiges Geheimnis ist. Er wartet darauf, dass das Geschöpf aufbricht, dass ein neues, freies Ja zu ihm entstehe, dass von der Schöpfung her sich das Ereignis der Liebe sich neue zutrage. Er wartet auf den Menschen. Und er will für uns, dass wir selbst diese eigentlich göttliche Erfahrung machen dürfen: die Erfahrung der Freiheit, des Suchens, des Entdeckens und des seligen Ja über eine Liebe, die das Herz der Welt ist, derentwegen die Welt gut ist und wir gut sind.

*Joseph Ratzinger/Benedikt* XVI.

# AM HEILIGABEND

Der König der Welt,
der König des Lichtes,
der König des Himmels
und des Paradieses,
der König der Heiligen,
geboren in einem Stall,
segne alle hier.

*Irischer Segenswunsch*

# SEGEN SEI MIT DIR

Segen sei mit dir,
der Segen des strahlenden Lichtes,
Licht sei um dich her
und innen in deinem Herzen.
Sonnenschein leuchte dir
und erwärme dein Herz,

bis es zu glühen beginnt
wie ein großes Torffeuer,
und der Fremde tritt näher,
um sich daran zu wärmen.

*Irischer Segenswunsch*

## NOCH EINMAL EIN WEIHNACHTSFEST

Noch einmal ein Weihnachtsfest,
Immer kleiner wird der Rest,
Aber nehm' ich so die Summe,
Alles Grade, alles Krumme,
Alles Falsche, alles Rechte,
Alles Gute, alles Schlechte –
Rechnet sich aus all dem Braus
Doch ein richtig Leben raus.
Und dies können ist das Beste
Wohl bei diesem Weihnachtsfeste.

*Theodor Fontane*

# DAS SCHÖNE, ERHEBENDE MÄRCHEN

## Ein verworfener Weihnachtstext

Bei dem Versuch einer Antwort auf die Frage, ob der christliche Glaube letztlich nur ein schönes Weihnachtsmärchen ist, lasse ich mich von einem gefallenen Engel reiten. Es muss der kaufrauschgoldene Weihnachtsengel sein, der auch auf den Basaren des geistig-geistlichen Austauschs markttingelnd den Umsatz an Aufmerksamkeit zu erhöhen sucht.

Engel – manche unter Ihnen werden sich vielleicht noch erinnern – kursierten bei uns im versunkenen Osten handelsoffiziell als »Geflügelte Jahresendfiguren«. Kann man Engel ernster nehmen? Zu den wenigen Vorzügen militant atheistischer Systeme rechnete und rechne ich ihren wachen Sinn für die Sprengkraft religiöser Denk- und Vorstellungsmuster.

## Mehr als ein Hochgefühl

Lassen Sie mich – um direkt aufs Thema zurückzukommen – undiplomatisch bekennen, dass mir wohl wäre, wenn ich ungebrochen sagen könnte, dass mein christlicher Glaube und mein christlich

bemühtes Tun sich von der Wahrheit der Märchen her bestimmen und kräftigen ließen. Der Engel in Luthers Choral, der uns „gute neue Mär" bringt, verweist auf die Wurzeln des Wortes „Märchen": zum einen ist es die Verkleinerungsform von „maere" = Erzählung und „mari" = Nachricht, zum anderen steht das gotische „mers" für bekannt und berühmt.
Das schöne, erhebende Märchen von der Heiligen Nacht. Was ist schön und was ist erhebend? Auf die Frage nach dem, was schön eigentlich meint, hat Brecht auf eine mir bis heute hilf- und hinreichende Art geantwortet: „Schön ist, wenn man Schwierigkeiten löst, schön ist also ein Tun." Und erhebend beschreibt mehr als ein Hochgefühl. Es verweist auf die Möglichkeit, wider die Schwerkraft anzuleben. Wo wird solche Möglichkeit gefunden? In den Märchen. Und in unserer Fähigkeit, sie ernst- und anzunehmen, ins Eigene zu übertragen. Die Vorstellung, dass Märchen mit der Wirklichkeit wenig zu tun haben, mag stimmen. Mit der Wahrheit hingegen haben sie alles zu tun, wenn wir Wahrheit als Pluralität widerstreitender Wirklichkeiten und Wirklichkeitserfahrungen anzunehmen bereit sind.
Wir leben, wo wir unser eigenes Leben als kostbar

und einmal erfahren, nicht im Wirklichen, sondern im Wahren; nicht in der Realität, sondern in einer alle Realien zurückdrängenden euphorischen Gewissheit. Und zum anderen leben wir, wo uns unser Leben trist und austauschbar vorkommt, nicht im Wahren, sondern im Wirklichen; nicht in der euphorischen Gewissheit, sondern in einer alle fromme Hoffnung zurückdrängenden gesellschaftlichen und sozialen Unterworfenheit. All dies geht unablässig vor. In ein und demselben Menschen, in ein und demselben Gemüt. Wir würden – unserer gewünschten und ersehnten Einzigkeit wegen – so herzlich gerne glauben, dass gegen die Verallgemeinerbarkeit unserer Existenz ein Kraut gewachsen ist. Und andererseits bestreiten wir – im Verlangen nach Verallgemeinerung unserer Erfahrungen – nichts anderes als unsere Einzigkeit und Einmaligkeit …

Wer unter den Menschen meiner Generation das Glück hatte, traditionell christlich aufzuwachsen, assoziiert alle Jahre wieder Realien und Erinnerungsrelikte der eigenen Kindheit: das erwärmende Quempas-Singen in der schlecht geheizten Kirche, das Eingebundensein als dritter, wattebartverzierter Hirte, wenn schon nicht als einer der Heiligen Drei Könige, ins gemeindliche Krippenspiel. Das schönste langhaarige Mädchen aus der Christenlehre gab die Maria und der größte Junge den Josef. Und vor der inbrünstig erwarteten Bescherung unter dem häuslichen Tannenbaum noch einmal die kaum noch erträgliche Verzögerung durch abermaliges Verlesen der Weihnachtsgeschichte, wie sie bei Lukas im zweiten Kapitel steht. Und dann noch einmal: »Es ist ein Ros' entsprungen« und »Stille Nacht, heilige Nacht.«

Das Jesuskind und der Schlitten unterm Weihnachtsbaum, die Pfefferkuchen und Betlehems Stall gerieten mir zu einer idyllischen Melange, die die stets schlechten Nachrichten aus der sich draußen ungerührt weiterdrehenden Welt zwei oder drei Feiertage lang extrem herabmilderten und wie unwirklich erscheinen ließen.

Die als christlich renommierte »Agentur des Rauhen Hauses« in Hamburg bestellte drei oder vier Jahre nach dem Anschluss der DDR ans Bundesgebiet bei mir einen Text zu Bildern von Norbert Pohl, der die Weihnachtsgeschichte für Kinder von heute fassbar machen sollte. Ich hielt das für ein nützliches Anliegen. Und schrieb den Text nach bestem Wissen und Gewissen und lieferte ihn ab. Ich nannte Maria bei ihrem jüdischen Namen Mirjam und beschönigte die Zeitverhältnisse nicht. Die Resonanz war niederschmetternd: Die Agentur hielt den Namen Mirjam für unannehmbar und mutmaßte des weitern, ich könnte in Abschilderung der Zeitverhältnisse auch die bundesrepublikanische Gegenwart im Auge gehabt haben. Derlei kritische Sicht verriete den ehemaligen DDR-Bürger und der, das wisse man mittlerweile, reagiere in allem allzu empfindlich und überscharf. Der Text wurde verworfen und blieb von der Agentur ungedruckt. Ich erlaube mir, ihn abschließend anzufügen:

## Die Weihnachtsgeschichte der Christen
(Nach den Evangelisten Lukas und Matthäus
in Reime gesetzt)

Mirjam war mit Jo ein Paar.
Und sie lebten annehmbar.
Unbegürtet, reich an Sorgen:
Was wird heute sein, was morgen?
Schwer trug Mirjam ihren Bauch,
In dem Jesus wuchs. Und auch
Eine Hoffnung für die Welt.
Jedes Kind, das Gott gefällt,

Macht ihr Mut, nicht aufzugeben,
Und so dauert unser Leben.

Josef, Mirjam siehst du hier
Schön flankiert von viel Getier.
(Dass sie so durchs Dunkel schreiten,
Kommt vom Staat. Auch früh're Zeiten
Waren gnadenlos, wenn's galt,
Zu erkunden, wer was zahlt.)
Doch nun wird es spannend, denn
Viele wolln nach Betlehem.

Alle Welt bricht auf und quält
Sich durchs Land.
Quirinius zählt!
Kein Hotel, kein Luxusbau
Haben Raum für Josefs Frau
Und ihr Kind, das kommen will.

Dunkel steht die Nacht und still.
Abgewiesen von den Ihren,
Finden sie Asyl bei Tieren.
Mirjam bringt im Stall auf Stroh
Gott zur Welt. Und wir sind froh.
(Wie der Engel überm Dach
Sinnen wir dem Wunder nach.)

Unterm First die Tauben schweigen,
Während Sterne fallen, steigen.

Josef deckt in aller Ruh
Jesus zärtlich ein und zu.
Und wie Mirjam blickt der Kater:
Mensch, das Baby! Gott, der Vater!
Himmelsstille herrscht im Stall.
Aber draußen gibt's Krawall.
(»Ich bin Hirte, wer ist mehr?
Who is who? Sprich: Wer ist wer?«)

Vater Gott schickt noch zur Nacht
Seine Engel aus: Wer wacht,
Wie die Hirten auf dem Feld,
Soll gleich wissen, dass die Welt
Sich nicht länger ängsten muss.
(Denn durch Jesus macht Gott Schluss
Mit der Unvorstellbarkeit
Seines Seins in Raum und Zeit.
Wer mit Jesus wächst, lebt, reist,
Weiß, was gottgefällig heißt.)
»Keine Furcht mehr! Große Freude
Allem Volke! Aus dem Leide
Reißt Euch, den in Davids Stadt
Mirjam heut geboren hat!«

Engel sind, dir dämmert's schon,
Wesen, die uns nicht bedrohn,
Sondern wie auf Flügeln tragen,
Wenn wir lahmen und verzagen.
(Dass wir sie so selten sehen,
Ist, weil wir kaum in uns gehen!)

Als die Engel aufgestoben,
Haben Hirten sich erhoben:
»Lasst uns die Geschichte sehen ...«
(Merke: Christsein kommt von Gehen!)

Bei Matthäus steht zu lesen,
Dass noch andre wach gewesen.
Weise aus dem Morgenland
Sahen, was am Himmel stand:
Über Betlehem ein Stern,
Riesengroß und leuchtend fern.
Und sie schnürten ihre Sachen,
Um sich auf den Weg zu machen.
Sie missdeuteten dies Zeichen
Als: Herodes muss gleich weichen!
Ihre Schriften wiesen aus:
Juda steht jetzt Glück ins Haus!
Ehe sie zum Stall gelangten,
Wurden sie verhört, vernommen.

Da so viele um sie bangten,
Sind sie schließlich freigekommen.
Myrrhe, Weihrauch, Geld in bar
Brachten sie dem Jesus dar.

Und sie sah, was du hier siehst:
Eine Welt, die Gott genießt!
Engel, Kater, Esel, Ochs
Scharn sich um die Futterbox,
Denn das Kind, das in ihr liegt,
Träumt, dass niemand sich bekriegt.
(Friede wird, wenn wir ihn stiften
Und was giftig ist, entgiften.)

Noch bis heute sucht das Kind
Menschen, die ihm ähnlich sind.
Und vor allem: ähnlich bleiben.
Lass dich also, Kind, nicht treiben,
Bald zu werden wie die Alten,
Die wir uns bloß kindisch halten.
Jesus fordert von den Frommen:
»Lasst die Kinder zu mir kommen!«
Denn er weiß: Nur Kinder wissen
Tief, dass wir uns ändern müssen.

Wie wir Menschen sind, so waren
Wir vor zweimal tausend Jahren:
Gut und böse, stark und schwach,
Alles unter einem Dach.
Unsre Herren in den Staaten
Lassen sich nur schlecht beraten.
Rechtens wittern sie, dass man
Sie sehr gut entbehren kann.
King Herodes wittert's auch.
Jeder halbwegs runde Bauch
Lässt ihn fürchten, dass in ihm
Sich ein menschliches Regime
Vorbereitet. Mörderbanden
Schickt er aus, in seinen Landen
Umzubringen, was soeben
In die Welt kam und ins Leben.
(Eh' im Stall die Schemel kippten,
Flohn die drei schnell nach Ägypten.)

*Jürgen Rennert*

# GESEGNET SEI DIE HEILIGE NACHT

Gesegnet sei die heilige Nacht,
die uns das Licht der Welt gebracht!
Wohl unterm lieben Himmelszelt
die Hirten lagen auf dem Feld.
Ein Engel Gottes, licht und klar,
mit seinem Gruß tritt vor sie dar.
Vor Angst sie decken ihr Angesicht.
Da spricht der Engel: »Fürchtet euch nicht!
Denn ich verkünd euch große Freud:
Der Heiland ist geboren heut!«
Vom Himmel hoch der Engel Heer
frohlockt: »Gott in der Höh sei Ehr!«
Da gehn die Hirten hin in Eil',
zu schaun mit Augen das ewge Heil,
zu singen dem süßen Gast Willkomm,
zu bringen ihm ein Lämmlein fromm.
Bald kommen auch gezogen fern
die Heilgen Drei Könige mit ihrem Stern.
Sie knien vor dem Kindlein hold,
schenken ihm Myrrhen, Weihrauch, Gold.

*Eduard Mörike*

## AUF DEM WEG

»Transeamus usque Betlehem« – lasst uns hinübergehen nach Betlehem«, haben die Hirten zueinander gesagt. »Transeamus usque Betlehem« – diese Aufforderung will die Kirche in dieser Nacht hineinsagen und hineinsingen in unsere Herzen. Sie will uns einladen aufzubrechen, einladen hinüberzugehen. Und in der Tat, um Gott zu finden, ist dies nötig: übergehen, hinübergehen, Übergang; denn Gott ist anders, als wir sind. Wir leben so oft mit unserem Gesicht weg von ihm. Mit unseren Gedanken und Plänen sind wir in der Gegenrichtung zu ihm, leben auf der anderen Seite, bewegen uns nach ihr. Deswegen ist er uns verborgen. Wenn wir ihn finden wollen, müssen wir übergehen, müssen wir die Straße der Widersprüche mit unserem Herzen überschreiten und den Weg der Verwandlungen finden, bis er sichtbar und hörbar wird.

»Transeamus usque Betlehem« – aufbrechen in das Nahe, in die Mitte unserer selbst, in die Wahrheit Gottes, die in uns wartet, die in uns geboren werden will. In jene Einfachheit der Herzen müssen wir wandern, die ihn wahrzunehmen fähig ist.

»Transeamus usque Betlehem!« Bitten wir den Herrn, dass er uns anstößt, wie er es mit den Hirten getan hat; dass er uns fähig macht aufzubrechen, hinüberzugehen, damit auch uns die große Freude zuteil werde, die allem Volke gilt: »Siehe, euch ist in der Stadt Davids der Heiland geboren, Christus, der Herr!« Amen.

Wer nach Betlehem kommt und die Kirche betreten will, die Kaiser Konstantin an der Stelle gebaut hat, an der nach der Überlieferung Christus geboren wurde, findet keines der prunkvollen Portale mehr vor, die einst die Würde des Gotteshaus unterstrichen.

Aus Gründen, die wir nicht mehr genau erkennen können, ist selbst das letzte verbliebene Tor soweit zugemauert worden, dass nur noch ein niedriger Einstieg geblieben ist. Der Besucher muss sich bücken, wenn er eintreten will. Irgendwie passt die schmale, niedrige Tür besser zu dem Ereignis, das hier verehrt wird, und zu der Person, für die der Raum gebaut worden ist, als ein prunkvolles Tor. Gott selber hat sich klein gemacht, damit wir die Furcht vor ihm verlieren, ihm nahen können; damit Gemeinschaft zwischen ihm und uns entstehen kann. Er hat sich gebückt bis auf die Erde herunter, bis in die Armseligkeit unseres

Menschseins hinein. Wer zum Ort der Geburt Jesu kommen will, muss sich bücken, wie Gott sich gebückt hat: Wir müssen unseren Dünkel, unsere Selbstsicherheit, unsere Vorurteile, unsere Besserwisserei ablegen; nur dann können wir wieder sehen, nur dann kommen wir zu dem Gott, der selbst ein Kind werden wollte. Nur dann kann Friede werden, denn was uns trennt, sind unsere Ansprüche, unser Rechthabenwollen, unser fertiges Bescheidwissen; was uns einen kann, ist die »Rückkehr zum Herzen«, von der der heilige Augustinus in diesem Zusammenhang spricht.
Wenn man dann in die Geburtskirche eintritt, werden einen widersprechende Gefühle berühren. Dieses Land ist ja zu allen Zeiten der Wetterwinkel der Weltgeschichte gewesen. Die drei Kontinente Asien, Afrika, Europa stoßen da aufeinander. Die Weltreligionen und die Weltmächte sind hier aufeinandergeprallt.
Durch all diese Zeiten hindurch ist diese Kirche stehen geblieben. Die Macht des Kindes war stärker als die Zerstörungsmächte, die hier durchgezogen sind. Freilich – die Kirche hat gelitten, war oft dem völligen Verfall nahe, und der Streit der getrennten Christen hindert auch heute eine wirksame Erneuerung. Die Fresken sind zum großen

Teil zerstört; man ahnt nur noch von ferne den Prunk dieser einst schönsten Kirche der Christenheit. So sieht man hier beides: Verfall und Beständigkeit, Ohnmacht und Macht des Glaubens. Es mag einen Trauer befallen, wenn man die Unfähigkeit zum Frieden, das Überwuchern der eigenen Ansprüche und Interessen gegenüber der Gemeinsamkeit des Glaubens sieht; die Unfähigkeit der Menschen spürt, sich zu bücken und so zu Gott und zueinander zu gelangen.
Aber es hat auch etwas ungeheuer Tröstendes, zu sehen, dass alle Zerstörungswut der Menschen das leise Licht nicht zertreten konnte, das hier vor über 2000 Jahren aufgegangen ist.
Wir steigen die Treppe hinunter zur Grotte, zum Stall, in dem der Heiland der Welt geboren wurde. Ja, man muss noch einmal hinuntersteigen, dem Abstieg Gottes sozusagen nachgehen, sich noch einmal und noch tiefer bücken, um an den Ort des Geheimnisses zu kommen. Dort, wo nach einer bis ins zweite Jahrhundert zurückreichenden Überlieferung Maria das Kind Jesus geboren hat, ist nun ein silberner Stern in den Stein eingelassen, der von Ampeln umgeben ist, die mit ihrem warmen, lebendigen Licht den Ort erhellen. Wir finden als Inschrift den Satz, der im Anschluss an

das Johannesevangelium gebildet wurde: Hier ist das Wort Fleisch geworden. An dieser Stelle kann man nur schweigen, niederknien und das Geheimnis in sich eindringen lassen. Zwischen denen, die hier knien und beten und den Boden küssen, entsteht bei aller Verschiedenheit der Herkünfte, der Kulturen und der Bekenntnisse eine geheimnisvolle Verbundenheit. Sie treten heraus aus all dem Unterscheidenden, das Wände der Trennung zwischen uns aufrichtet.

In der Nähe des Kindes gibt es keine Trennung mehr, sondern einen Herzschlag lang spüren wir die Gegenwart des Größeren, Gottes. Der silberne Stern und die Ampeln erscheinen mir wie ein treffendes Bild dessen, was hier ist: Der Himmel hat die Erde berührt und sie nicht mehr losgelassen. Es war nicht ein zerstörerischer Zusammenstoß, wie wenn Planeten aufeinanderprallen. Es war eine sanfte, gütige Berührung, die eine Quelle des Lichts hinterlassen hat.

Viele der Lichter, die heute an Weihnachten Straßen und Häuser erhellen, haben kaum noch etwas mit diesem Licht zu tun. Es sind grelle Lichter, die dem Geschäft dienen und inwendig nicht warm machen können. Sie erinnern mich oft daran, dass heute die Sternwarten sich aus Europa zurückziehen müssen, weil die Lichter unserer Städte so grell geworden sind, dass sie das Licht von oben, das Licht der Sterne verdecken. Viele der modernen Weihnachtslichter sind nur Menschenlichter, die uns das Licht Gottes eher verbergen als zeigen. Aber wir sollten nicht allzu pessimistisch sein, uns nicht bei der Anklage gegen den Weihnachtskonsum festsetzen, nicht das Herz bitter machen lassen. Immer noch strahlt aus der Geburtsgrotte ein demütiges und warmes Licht in die Herzen der Menschen hinein und weckt die verschüttete Güte, die die Flamme Gottes in unseren Seelen ist.

Wir brauchen uns nur einen Augenblick auszudenken, was wäre, wenn plötzlich der Glaube an die Menschwerdung Gottes in Betlehem in der Menschheit ganz erlöschen würde. Die Orte, an denen der Atheismus, die Feindschaft gegen Gott und Christus ihre Triumphe feierten, lassen uns etwas von der Ungeheuerlichkeit des Dunkels ahnen, das dann entstehen würde. Wenn wir das bedenken, werden wir vielleicht doch aufhören zu klagen über die Unwirksamkeit des Christentums in der Weltgeschichte. Gott hat die Welt durch seine Menschwerdung nicht in ein irdisches Paradies umgezaubert, wie wir es uns wünschen würden. Wie die Schicksale der Geburtskirche uns zeigen, ist sie voller Mühsal geblieben. Aber er hat ein stilles Licht der Liebe und des Erbarmens in sie eingesenkt, das er nicht mehr erlöschen lässt. Dieses Licht überwältigt uns nicht, es zwingt uns nicht. Es ist eine Einladung an unsere Demut, an unsere Freiheit, an unsere Liebe. Für dieses Licht sollten wir an Weihnachten wieder neu unser Herz öffnen.

*Joseph Ratzinger/Benedikt* XVI.

# DER HEILAND

Immer wieder wird er Mensch geboren,
Spricht zu frommen, spricht zu tauben Ohren,
Kommt uns nah und geht uns neu verloren.

Immer wieder muss er einsam ragen,
Aller Brüder Not und Sehnsucht tragen,
Immer wird er neu ans Kreuz geschlagen.

Immer wieder will sich Gott verkünden,
Will das Himmlische ins Tal der Sünden,
Will ins Fleisch der Geist, der ewige, münden.

Immer wieder, auch an diesen Tagen,
Ist der Heiland unterwegs, zu segnen,
Unsern Ängsten, Tränen, Fragen, Klagen
Mit dem stillen Blicke zu begegnen,
Den wir doch nicht zu erwidern wagen,
Weil nur Kinderaugen ihn ertragen.

*Hermann Hesse*

# ZU BETLEHEM GEBOREN

Zu Betlehem geboren ist uns ein Kindelein.
Das hab ich auserkoren,
sein eigen will ich sein.
Eja, eja, sein eigen will ich sein.

In seine Lieb versenken
will ich mich ganz hinab;
mein Herz will ich ihm schenken
und alles, was ich hab.
Eja, eja, und alles, was ich hab.

O Kindelein, von Herzen
dich will ich lieben sehr
in Freuden und in Schmerzen,
je länger mehr und mehr.
Eja, eja, je länger mehr und mehr.

Dich wahren Gott ich finde
in meinem Fleisch und Blut;
darum ich fest mich binde,
an dich, mein höchstes Gut.
Eja, eja, an dich, mein höchstes Gut.

Dazu dein Gnad mir gebe,
bitt ich aus Herzensgrund,
dass dir allein ich lebe
jetzt und zu aller Stund.
Eja, eja, jetzt und zu aller Stund.

*Friedrich Spee*

## HEILIGABEND

Als die Bewohner des Herrenhauses die Kirche betraten, begann eben der Gesang der Gemeinde. Eine schmale Treppe, an einem der kleinen Seiteneingänge ausmündend, führte zu dem herrschaftlichen Stuhle hinauf. Dieser, ein auf Pfeilern ruhender, sehr einfacher Holzbau, war ursprünglich durch hohe Schiebefenster geschlossen gewesen, längst aber waren diese beseitigt, und nur noch zwei schmale Bretter, die von der Brüstung bis zur vollen Höhe der Decke aufstiegen, teilten den Raum in drei große Rahmen ab. Vorn an der Wandung war das Vitzewitzsche Wappen angebracht, ein Andreaskreuz, weiß auf rotem Grunde.

In Front dieses herrschaftlichen Stuhles, hart an der Brüstung hin, nahmen die Eintretenden geräuschlos Platz: erst Berndt von Vitzewitz, links neben ihm Renate, dann Tante Schorlemmer. Lewin stellte seinen Stuhl in die zweite Reihe. So vernachlässigt alles war, so war es doch nicht ohne einen gewissen Reiz. Gleich zur Rechten Altar und Kanzel; in Front des Altars das Taufbecken, eine silberne mit allegorischen Figuren und unentzifferbaren Inschriften reich ausgeschmückte Schüssel, die nur mit großer Mühe vor den Händen des Feindes gerettet worden war. An der Wand gegenüber das vorerwähnte Marmordenkmal des alten Matthias und seiner Gemahlin. Das Beste aber, was dieser unscheinbaren Stelle eigen war, war doch das große, fast einen Halbkreis bildende Fenster, das einen Blick auf den Kirchhof und weiter hügelabwärts auf einzelne zerstreute, wie Vorpfosten aufgestellte Hütten und Häuser des Dorfes gestattete. Neben diesem Fenster, hart an der Kirchwand, stand ein Eibenbaum, der von der Seite her die längsten seiner Zweige vorschob und regelmäßig an die Scheiben klopfte, wenn Pastor Seidentopf

seine dreigeteilte Predigt den Hohen-Vietzern ans Herz legte. Lewin setzte sich immer so, dass er einen Blick auf das Fenster frei hatte. Er stand wohl fest auf dem Catechismo Lutheri, wie alle Vitzewitze, aber da war doch ein anderes in ihm, das ihn von Zeit zu Zeit trieb, mehr auf den Eibenbaum draußen als auf die Stimme von der Kanzel her zu achten, wäre diese Stimme auch mächtiger gewesen, als die seines alten Lehrers und Freundes, dem die sonntägliche Erbauung oblag.
Die Sonne schien hell, und ein einfallendes Streiflicht erleuchtete in plötzlichem Glanz die halbe Nordwand, vor allem das große Grabdenkmal dem herrschaftlichen Chorstuhl gegenüber. Die lebensgroßen Figuren waren wie von rosigem Leben angehaucht. Lewin hatte die Schönheit dieses Bildwerks nie so voll empfunden; er las die langen Inschriften, wie er sich gestand, zum ersten Mal.
Der Gesang schwieg; schon während des letzten Verses war Prediger Seidentopf auf die Kanzel getreten, ein Sechziger, mit spärlichem weißem Haar, von würdiger Haltung und mild im Ausdruck seiner Züge. Lewin hing an der wohltuenden Erscheinung, senkte dann den Blick und folgte in andächtiger Betrachtung dem stillen Gebet. Die Gemeinde tat ein Gleiches, neigte sich und

schaute voll herzlichem Verlangen zu ihrem Geistlichen auf, als dieser sein Gebet beendet und sein Haupt wiederum erhoben hatte. Denn die Gemüter waren damals offen für Trost und Zuspruch von der Kanzel her und rechneten nicht nach, ob die Worte lutherisch oder kalvinistisch klangen, so sie nur aus einem preußischen Herzen kamen. Das wusste Seidentopf, der in gewöhnlichen Zeiten manche Widersacher unter den strenggläubigen Konventiklern seines Dorfes zu bekämpfen hatte, und ein heller Glanz, wie ihn ihm die innere Freude gab, umleuchtete seine Stirn, als er nach Lesung des Evangeliums die Textesworte zu erklären begann. Er sprach von dem Engel des Herrn, der den Hirten erschien, um ihnen die Geburt eines neuen Heiles zu verkünden. Solche Engel, so fuhr er fort, sende Gott zu allen Zeiten, vor allem dann, wenn die Nacht der Trübsal auf den Völkern läge. Und eine Nacht der Trübsal sei auch über dem Vaterlande; aber ehe wir es dächten, würde inmitten unsers Bangens der Engel erscheinen und uns zurufen: »Fürchtet euch nicht, siehe, ich verkündige euch große Freude.« Denn das Gericht des Herrn habe unsere Feinde getroffen, und wie damals die Wasser zusammenschlugen und »bedeckten Wagen und Reiter und alle

Macht des Pharao, dass nicht einer aus ihnen übrigblieb«, so sei es wiederum geschehen ...

Nun war der Sand durch die Uhr gelaufen, die Predigt selbst geschlossen. Da trat der Pastor noch einmal an den Rand der Kanzel, und mit eindringlicher Stimme, der sofort alle Herzen wieder zufielen, hob er an: »Mit Christi Geburt, die wir heute feiern, beginnt das christliche neue Jahr. Ein neues Jahr; was wird es uns bringen? Es wissen zu wollen, wäre Torheit; aber zu hoffen ist unserem Herzen erlaubt. Gott hat ein Zeichen gegeben; mögen wir es zum Rechten deuten, wenn wir es deuten: er will uns wieder aufrichten, unsere Buße ist angenommen, unsere Gebete sind erhört. Die Geißel, die nach seinem Willen sechs lange Jahre über uns war, er hat sie zerbrochen; er hat sich unserer Knechtschaft erbarmt, und die Weihnachtssonne, die uns umscheint, sie will uns verkündigen, dass wieder hellere Tage unserer harren. Ob sie kommen werden mit Psalmen, oder ob sie kommen werden mit Schwerterklang, wer sagt es? Wohl mischt sich ein Bangen in unsere Hoffnung, dass der Sieg nicht einziehen wird ohne letzte Opfer an Gut und Blut. Und so lasst uns dann beten, meine Freunde, und die Gnade des Herrn noch einmal anrufen, dass er uns die rechte Kraft leihen möge in der Stunde der Entscheidung. Das Wort des Judas Makkabäus sei unser Wort: ›Das sei ferne, dass wir fliehen sollten. Ist unsere Zeit kommen, so wollen wir ritterlich sterben um unserer Brüder willen und unsere Ehre nicht lassen zuschanden werden.‹ Gott will kein Weltenvolk, Gott will keinen Babelturm, der in den Himmel ragt, und wir stehen ein für seine ewigen Ordnungen, wenn wir einstehen für uns selbst.

Unser Herd, unser Land sind Heiligtümer nach dem Willen Gottes. Und seine Treue wird uns nicht lassen, wenn wir getreu sind bis in den Tod. Handeln wir, wenn die Stunde da ist, aber bis dahin harren wir in Geduld.«

Er neigte sich jetzt, um in Stille das Vaterunser zu sprechen; die Orgel fiel mit feierlichen Klängen ein; die Gemeinde, sichtlich erbaut durch die Schlussworte, verließ langsam die Kirche. Auf den verschiedenen Schlängelwegen, die von der Kirche ins Dorf herniederführten, schritten die Bauern und die Halbbauern ihren halbverschneiten Höfen zu. Die Frauen und Mädchen folgten. Wer von der Dorfstraße aus diesem Herabsteigen zusah, dem erschloss sich ein anmutiges Bild.

*Theodor Fontane*

## WEIHNACHTSSEGEN

Nicht, dass jedes Leid dich verschonen möge,
noch dass dein zukünftiger Weg stets Rosen trage,
keine bittere Träne über deine Wangen komme
und kein Schmerz dich quäle –
dies alles wünsche ich dir nicht.

Sondern: dass dankbar du allzeit bewahrst
die Erinnerung an gute Tage,
dass mutig du gehst durch Prüfungen,
auch wenn das Kreuz auf deinen Schultern lastet,
auch wenn das Licht der Hoffnung schwindet.

Was ich dir wünsche:
dass jede Gabe Gottes in dir wachse,
dass einen Freund du hast,
der deiner Freundschaft wert.
Und dass in Freud und Leid
das Lächeln
des Mensch gewordenen Gotteskindes
dich begleiten möge.

*Aus Irland*

# MÄRCHEN VOM AUSZUG ALLER AUSLÄNDER

Es war einmal ..., so beginnt das Märchen „Von denen, die auszogen, weil sie das Fürchten gelernt hatten."

Es war einmal ... etwa drei Tage vor Weihnachten, spät abends. Über den Marktplatz der kleinen Stadt kamen ein paar Männer gezogen. Sie blieben an der Kirche stehen und sprühten auf die Mauer »Ausländer raus« und »Deutschland den Deutschen«. Steine flogen in das Fenster des türkischen Ladens gegenüber der Kirche. Dann zog die Horde ab. Gespenstische Ruhe. Die Gardinen an den Bürgerhäusern waren schnell wieder zugefallen. Niemand hatte etwas gesehen.

»Los, kommt, es reicht, wir gehen.«

»Wo denkst du hin! Was sollen wir denn da unten im Süden?«

»... da unten? Das ist immerhin unsere Heimat. Hier wird es immer schlimmer. Wir tun einfach das, was da an der Wand geschrieben steht: ›Ausländer raus!‹«

Tatsächlich, mitten in der Nacht kam Bewegung in die kleine Stadt. Die Türen der Geschäfte sprangen auf: Zuerst kamen die Kakaopäckchen heraus mit den Schokoladen und Pralinen in ihren Weihnachtsverkleidungen. Sie wollten nach Ghana und Westafrika, denn da waren sie zu Hause. Dann der Kaffee, palettenweise, der Deutschen Lieblingsgetränk; Uganda, Kenia und Lateinamerika waren seine Heimat. Ananas und Bananen räumten ihre Kisten, auch die Trauben und die Erdbeeren aus Südafrika. Fast alle Weihnachtsleckereien brachen auf, Pfeffernüsse, Spekulatius und Zimtsterne, denn die Gewürze in ihrem Inneren zog es nach Indien. Der Dresdner Christstollen zögerte. Man sah Tränen in seinen Rosinenaugen, als er zugab: Mischlingen wir mir geht's besonders an den Kragen. Mit ihm kamen das Lübecker Marzipan und der Nürnberger Lebkuchen. Nicht Qualität, nur Herkunft zählte jetzt. Es war schon in der Morgendämmerung, als die Schnittblumen nach Kolumbien aufbrachen und die echten Pelzmäntel mit Gold und Edelsteinen an ihrer Seite in teuren Chartermaschinen in alle Welt starteten.

Der Verkehr brach an diesem Tag zusammen. Lange Schlangen japanischer Autos, vollgestopft mit Optik und Unterhaltungselektronik, krochen gen Osten. Am Himmel sah man die Weihnachtsgänse nach Polen fliegen, auf ihrer Bahn gefolgt von den

feinen Seidenhemden und den Teppichen aus dem fernen Asien.
Mit Krachen lösten sich die tropischen Hölzer aus den Fensterrahmen und schwirrten zurück ins Amazonasbecken. Man musste sich vorsehen, um draußen nicht auszurutschen, denn von überall her quollen Öl und Benzin hervor, flossen zu Bächen zusammen und strömten in Richtung Naher Osten. Doch man hatte bereits Vorsorge getroffen. Stolz holten die großen deutschen Autofirmen ihre Krisenpläne aus den Schubladen: Der alte Holzvergaser war ganz neu aufgelegt worden. Wozu ausländisches Öl?!
Aber es half nichts, die VWs und die BMWs begannen sich aufzulösen in ihre Einzelteile, das Aluminium wanderte nach Jamaika, das Kupfer nach Somalia, ein Drittel der Eisenteile nach Brasilien, der Naturkautschuk nach Zaire. Und die Straßendecke hatte mit dem ausländischen Asphalt im Verbund auch immer ein besseres Bild abgegeben als heute.
Nach drei Tagen war der Spuk vorbei, der Auszug geschafft, gerade rechtzeitig zum Weihnachtsfest. Nichts Ausländisches war mehr im Land. Aber Tannenbäume gab es noch, auch Äpfel und Nüsse. Und »Stille Nacht« durfte gesungen werden –

wenn auch nur mit Extragenehmigung, das Lied kam immerhin aus Österreich.
Nur eines wollte nicht so recht ins Bild passen. Maria, Josef und das Kind waren geblieben. Drei Juden. Ausgerechnet.
»Wir bleiben«, sagte Maria, »wenn wir aus diesem Land weggehen – wer will ihnen dann noch den Weg zurück zeigen, den Weg zurück zur Vernunft und zur Menschlichkeit?«

*Helmut Wöllenstein*

# FROHES FEST
## Ein Lied

Wir saßen in der Kirche und sangen „Stille Nacht“ und im Stadtpark hat sich jemand umgebracht.
Man entdeckte ihn zu spät; denn Heiligabend sind ja alle zu Hause.
Schöne Kerzen, warmes Licht, es war Weihnachtszeit.
„Macht hoch die Tür, die Tor macht weit“ –
doch für Selbstmordkandidaten war sie ausgerechnet heute geschlossen.

Refrain:
Frohes Fest, frohes Fest!
Welch ein wirkungsloser Rest.
Gott wird ein Mensch, weil er uns liebt,
und seit es diese Nachricht gibt, gibt es Hoffnung.

Wir spenden immer viel für die Hungernden der Welt,
doch er hungerte nach Liebe, einem Freund, der zu ihm hält.
Heiligabend gab er auf und „leise rieselt“ jetzt „der Schnee“ auf seine Leiche.

Wir versäumten, ihm zu sagen, wer das Christkind ist,
weil man Weihnachten so leicht den Mann am Kreuz vergisst.
Und „O Jesus, du mein Leben“ war für ihn nie eine eigene Erfahrung.

Refrain:
Frohes Fest, frohes Fest!
Welch ein wirkungsloser Rest.
Gott wird ein Mensch, weil er uns liebt,
und seit es diese Nachricht gibt, gibt es Hoffnung.

Er hätte den gefunden, der ihn gut versteht,
der dem Leben einen Sinn gibt, täglich mit ihm geht.
Es wär' „ein Ros' entsprungen“ mitten in der Nacht
und in der Kälte seines Alltags.
Hätte er doch nur gesehn, dass es Hoffnung gibt,
weil in dunkelsten Momenten jemand da ist, der ihn liebt,
wär' die Zeile „O du fröhliche“ ein Lied für alle Tage eines Jahres!

Refrain:
Frohes Fest, frohes Fest!
Welch ein wirkungsloser Rest.
Gott wird ein Mensch, weil er uns liebt,
und seit es diese Nachricht gibt, gibt es Hoffnung.

*Andreas Malessa*

## SCHUSTER KONRAD ERWARTET DEN LIEBEN GOTT

An diesem Morgen war Konrad, der Schuster, schon sehr früh aufgestanden, hatte seine Werkstatt aufgeräumt, den Ofen angezündet und den Tisch gedeckt. Heute wollte er nicht arbeiten, denn er erwartete einen hohen Gast. Den höchsten, den man sich denken kann. Er erwartete Gott selbst. In der vorigen Nacht hatte Gott ihn im Traum wissen lassen, dass er ihn besuchen werde. Nun saß Konrad also in der warmen Stube und wartete. Sein Herz war voller Freude. Da hörte er

draußen Schritte, und schon klopfte es an die Tür. Das ist er, dachte Konrad, sprang auf und riss die Tür auf. Aber es war nur der Briefträger, der von der Kälte ganz blau gefrorene Finger hatte und sehnsüchtig nach dem heißen Tee auf dem Ofen schielte. Konrad ließ ihn herein, gab ihm eine Tasse Tee und ließ ihn sich aufwärmen. »Danke", sagte der Briefträger, »das hat mir gutgetan«, und er stampfte wieder in die Kälte hinaus.
Sobald er das Haus verlassen hatte, räumte Konrad schnell das Geschirr ab und stellte saubere Tassen auf den Tisch. Dann setzte er sich wieder ans Fenster und wartete. Er wurde Mittag, aber von Gott war nichts zu sehen.
Plötzlich erblickte er einen kleinen Jungen, und als er genauer hinsah, bemerkte er, dass dem Kleinen die Tränen über die Wangen liefen. Konrad rief ihn zu sich. Das Kind hatte im Gedränge der Stadt seine Mutter verloren und fand nicht mehr nach Hause zurück. Konrad legte einen Zettel auf den Tisch und schrieb darauf: »Bitte, warte auf mich. Ich bin gleich zurück.« Er ließ seine Tür einen Spalt offen, nahm den Jungen an der Hand und brachte ihn heim.
Aber der Weg war weiter, als er gedacht hatte, und so kam er erst heim, als es schon dunkelte. Als er

von ferne sa, dass jemand in seinem Zimmer am Fenster stand, erschrak er sehr. Aber dann klopfte sein Herz vor Freude. Nun war Gott doch zu ihm gekommen.
Doch dann erkannte er die Frau. Sie wohnte oben im gleichen Haus. Seit ihr Mann verunglückt war, lebte sie allein mit ihrem Jungen. Sie sah müde und traurig aus. Konrad erfuhr, dass sie drei Nächte lang nicht mehr geschlafen hatte, weil ihr kleiner Sohn Petja so krank war. Er lag still da, und das Fieber stieg immer höher. Die Frau tat Konrad leid. Und so ging er mit. Gemeinsam wickelten sie Petja in feuchte Tücher. Konrad blieb am Bett des kranken Kindes, während die Frau sich ein wenig ausruhte.
Als er endlich wieder in seine Stube zurückkehrte war es weit nach Mitternacht. Müde und enttäuscht legte sich Konrad schlafen. Der Tag war vorüber. Gott war nicht gekommen. Plötzlich hörte er eine Stimme. »Danke«, sagte die Stimme, »danke, dass ich mich bei dir aufwärmen durfte – danke, dass dur mir den Weg nach Hause gezeigt hast – danke für den Trost und die Hilfe, die du mir gegeben hast. – Ich danke dir, Konrad, dass ich heute bei dir sein durfte.«

*Legende aus Russland*

# IRISCHER SEGENSSPRUCH

Ein Fremder Gast in meinem Haus:
Ich teilte mit ihm die Speise,
ich bot ihm Wein zum Trank,
ich spielte ein Lied für ihn.
Und im Namen der Dreifaltigkeit
segnete er mich und mein Haus,
mein Vieh und meine Lieben.
Und auf dem Dach die Lerche sang:
Oft, oft, oft
kommt Christus im Gewand
eines Fremden.

# WEIHNACHTEN

Markt und Straßen stehn verlassen,
still erleuchtet jedes Haus,
sinnend geh ich durch die Gassen,
alles sieht so festlich aus.

An den Fenstern haben Frauen
buntes Spielzeug fromm geschmückt,
tausend Kindlein stehn und schauen,
sind so wundervoll beglückt.

Und ich wandre aus den Mauern
bis hinaus ins freie Feld,
hehres Glänzen, heil'ges Schauern!
Wie so weit und still die Welt!

Sterne hoch die Kreise schlingen,
aus des Schnees Einsamkeit
steigt's wie wunderbares Singen –
o du gnadenreiche Zeit!

*Joseph von Eichendorff*

# DER GROSSE LOBGESANG DER TIERE

Fast überall in der Welt wurde das Weihnachtsfest gefeiert. Da kamen auch die Tiere zusammen, um ihren Schöpfer zu loben. Es war ein riesengroßer, vierstimmiger Chor. Der Pfau war der Dirigent. Wenn er seine prächtigen Schwanzfedern ganz weit ausstreckte, sang der Chor mit voller Kraft und mit allen schönen Gefühlen, die in Tierherzen wohnen. Doch was war das? Auf einmal ließ der Pfau sein prächtiges Federrad wieder zusammenfallen. Die Tiere verstummten. Nur einer sang weiter: »Iah – Iah.«

O weh! Das klang ja schauerlich! Das hielt ja niemand aus. Der Elefant, der ja nun auch nicht gerade der angenehmste Sänger ist, versetzte mit seinem Rüssel dem Esel einen leichten Schlag. »He, du singst falsch!« – »Du machst unser Lied kaputt mit deinem Geschrei!«, riefen die anderen Tiere. Da erschrak der Esel und schaute sich ängstlich um. Es hatte ihm doch so viel Freude gemacht.

»Kannst du nicht anders singen? Immer nur dieses blöde Iah – Iah!«

»Sag doch was! Lass dir doch nicht alles gefallen!«, flüsterte das Maultier dem Esel zu. »Auch

bei den Menschen spielst du immer den dummen Esel und lässt dich schlagen. Und dann sagst du auch noch ›Ja – Ja‹ dazu.«
Aber der Esel schwieg und trauerte still in sich hinein. Er hörte gerade noch, dass alle beschlossen: Der Esel darf nicht mehr mitsingen. Dann ging das Konzert der Tiere weiter, mindestens drei Stunden lang. Es klang wunderbar. Das hörte auch der Esel, der so gern mitgesungen hätte zum Lob seines Schöpfers. Er hatte so viele schöne Worte in seinem Herzen und hätte sie gern herausgelassen, damit Gott sich daran freut. Als alle Tiere längst fortgegangen, fortgekrochen oder fortgeflogen waren, stand der Esel noch immer dort. Da spürte er plötzlich einen leichten Klaps auf seinem Rücken, und eine Menschenstimme sprach zu ihm:
»Na, Alterchen, du schläfst wohl im Stehen?«
Da machte der Esel die Augen auf und sah einen alten Mann mit einem langen, weißen Bart.
»Warum bist du so traurig?« Die Stimme des alten Mannes klang freundlich. Da erzählte ihm der Esel nun die ganze Geschichte von den Tieren, die ihm beim Lobgesang nicht mitsingen lassen wollten.
»Mach dir nichts daraus«, sagte der Alte, »die anderen Tiere sind bloß neidisch auf dich.« Das

verstand der Esel nicht. »Wieso neidisch?«, fragte er verwundert, »die anderen können doch viel schöner singen als ich.«
»Es ist eben alles Geschmackssache«, antwortete der alte Mann. »Geschmackssache ..., davon verstehe ich auch etwas«, sagte der Esel, »mir schmeckt Hafer auch besser als Disteln.«
»Die anderen lassen sich wenigstens nicht alles gefallen«, fuhr der Alte fort. »Das Pferd schlägt mit seinen Hufen aus, der Hund beißt, und das Lama spuckt sogar, wenn es geärgert wird. Du bist oft viel zu geduldig und zu gutmütig und lässt dich ausnutzen. Ich gebe ja zu, manchmal hast du auch einen Dickkopf und bewegst dich nicht von der Stelle.«
»Aber schließlich mache ich dann doch, was die Menschen von mir wollen«, antwortete der Esel. »Warum sollten die anderen Tiere dann neidisch auf mich sein?«
»Das ist eine uralte Geschichte«, sagte der alte Mann mit dem langen, weißen Bart. »Ich will sie dir erzählen, damit du verstehst, warum sie neidisch sind.«
»Da bin ich aber gespannt«, meinte der Esel und machte ein kluges Gesicht dabei. Er wusste ja, wenn man richtig zuhört, sieht man immer klug und schön aus.

»Die Geschichte, die ich erzählen werde, ist passiert, als Jesus mit seinen Freunden nach Jerusalem unterwegs war. Er rief zwei seiner Jünger zu sich und sagte: ›Geht in das nächste Dorf. Dort werdet ihr einen Esel angebunden finden. Den bindet los und bringt ihn zu mir. Wenn euch jemand fragt, was ihr da macht, sagt einfach, dass euer Herr den Esel braucht.‹«
»Das ist ja eine tolle Geschichte!«, rief der Esel, und dabei wurde er schon ein ganz klein wenig stolz.
»Ja, du kannst wirklich stolz sein«, sagte der Mann. »Stell' dir einmal vor, ein paar Stunden später ritt Jesus wie ein König in die Stadt Jerusalem ein. Der Esel hat ihn getragen. Die Leute haben Hosianna gerufen und in die Hände geklatscht. Überall haben sie Blumen auf seinen Weg gestreut und ihm mit Palmenzweigen zugewunken. Aus ihren Umhängetüchern haben sie einen Teppich ausgebreitet, über den der Esel mit Jesus auf dem Rücken gegangen ist.«
»Das ist ja toll!« sagte der Esel noch einmal. Diese Worte kamen ganz tief aus seinem Herzen wie ein Seufzer der Erleichterung.
»Ich will dir noch eine andere Geschichte erzählen«, sagte der alte Mann, der so viel wusste und

eine so freundliche Stimme hatte. »Viele Jahre davor hatte es noch einen anderen Esel gegeben. Auf ihm hat Maria, die Mutter Jesu, gesessen und den kleinen Jesus im Arm gehalten. Alles geschah heimlich und mitten in der Nacht. Der Esel wusste genau, dass es sein musste und dass er nicht ausruhen durfte, obwohl er den ganzen Tag schwer gearbeitet hatte. Er ist auch kein einziges Mal stehengeblieben, sondern immer weitergetrabt, weil er wusste, dass die Soldaten des Königs Herodes das Kind umbringen wollten. Darum hat er seine Füße auch ganz leise auf den Boden gesetzt. Niemand sollte ihn hören, und außerdem sollte die Mutter mit dem Kind nicht so durchgerüttelt werden oder gar herunterfallen. Nur wenn sie an einen Brunnen kamen, hat er angehalten ... Am Ende war der Esel sehr glücklich und hat laut Iah – Iah gemacht, minutenlang, ganz laut, denn er musste seinem Herzen Luft machen. Das war das Größte in seinem Leben. Vielleicht wäre ohne ihn die Flucht nach Ägypten nicht geglückt. Gott im Himmel und alle Engel haben sich damals über den Lobgesang des Esels gefreut.«

*Johannes Jourdan*

# AUS DEM »CHERUBINISCHEN WANDERSMANN«

Wird Christus tausendmal in Betlehem geboren
Und nicht in dir, du bleibst noch ewiglich verloren.

Gott schleußt sich unerhört in Kindes Kleinheit ein:
Ach möcht ich doch ein Kind in diesem Kinde sein.

Ach könnte nur dein Herz zu einer Krippe werden,
Gott würde noch einmal ein Kind auf dieser Erden.

Merk, in der stillen Nacht wird Gott, ein Kind, geborn,
Und wiederum ersetzt, was Adam hat verlorn.

Ist deine Seele still und dem Geschöpfe Nacht,
So wird Gott in dir Mensch und alles wiederbracht.

Hier liegt das werte Kind, der Jungfrau erste Blum,
Der Engel Freud und Lust, der Menschen Preis und Ruhm.

Soll er dein Heiland sein und dich zu Gott erheben,
So musst du nicht sehr weit von seiner Krippe leben.

Der Himmel senket sich, er kommt und wird zur Erden;
Wann steigt die Erd empor und wird zum Himmel werden?

*Angelus Silesius*

# DER CHRISTBAUM DER ARMEN KINDER

Kinder sind ein seltsames Volk. Sie drängen sich in Träume und Gedanken. Vor Weihnachten und dann wieder am Christabend selbst begegnete mir regelmäßig an einer bestimmten Straßenecke ein kleiner Junge. Trotz der grimmigen Kälte war er fast sommermäßig gekleidet. Er ging mit dem »Händchen«, so lautet der technische Ausdruck, und er bedeutet betteln. Den Ausdruck haben diese Jungen selbst erfunden. Solche Jungen wie ihn gibt es eine Menge, sie laufen einem überall über den Weg und jammern etwas Auswendiggelerntes. Dieser aber jammerte nicht und sprach auch unschuldig und außergewöhnlich, und seine Augen sahen mich voll Vertrauen an.

Solch ein junger Wildling weiß oft so gut wie nichts, weder in welchem Land er wohnt noch welcher Nation er angehört, ob es einen Gott gibt, einen Zaren der – ja, man spricht von so viel Unwissenheit bei ihnen, dass man es kaum glauben kann. Und dennoch sind dies Tatsachen.

Doch ich bin ein Schriftsteller, und ich glaube, diese Geschichte habe ich selbst erfunden, aber es scheint mir, dass sie irgendwann, irgendwo wirklich geschehen sei, am Christabend in einer großen Stadt und bei arger Kälte.

Ich sehe einen kleinen Jungen, der in einem feuchten und kalten Keller erwachte. Er hatte nur ein altes Kittelchen an und zitterte vor Kälte. Er sah seinen Atem, der wie ein weißer Dampf seinem Mund entströmte, und da es langweilig war, auf dem Koffer im Winkel zu sitzen, so hauchte er immer wieder diesen Atem recht stark heraus und sah dann zu, wie der Dampf sich ballte und verschwand. Aber er hatte Hunger und wollte etwas essen. Er war schon mehrmals zu der Lagerstätte gegangen, wo auf einem alten, dünnen Schlafsack, irgendein Bündel Kissen unter dem Kopf, seine kranke Mutter lag. Wie sie hierher kam? Vermutlich war sie mit ihrem Jungen aus einer anderen Stadt gekommen und hier erkrankt. Die Winkelvermieterin des Kellers war schon vor zwei Tagen von der Polizei abgeführt worden, und die anderen Winkelmieter hatten sich verlaufen.

Auf dem Flur fand der Junge etwas zu trinken, aber eine Brotkruste war nirgends zu finden, und wieder versuchte er, seine Mutter aufzuwecken. Ihm wurde schließlich bange in der Dunkelheit: Es war schon längst dunkel geworden, aber niemand machte Licht. Als seine Hand das Gesicht der Mutter berührte, wunderte er sich, dass es so kalt war wie die Wand. »Das ist hier aber mal kalt!«, dachte er, und dabei fiel ihm sein Mützchen ein, das auf seinem Lager lag. Als er es aufgesetzt hatte, beschloss er, den Kellerraum zu verlassen. Und schon stand er draußen.

O Gott, was war das für eine Stadt! Dort, von wo er mit der Mutter gekommen war, war es so finster wie die Nacht. Die Fenster der niedrigen Häuser wurden abends mit Läden verschlossen; auf der Straße war, sobald nur die Dämmerung sank, niemand mehr zu sehen. Doch warm war es dort gewesen, und man hatte ihm zu essen gegeben. Hier aber – ach, wenn er doch nur etwas zu essen hätte! Und was ist das nur für ein Lärm und Gesumm, und wie viel Licht und Menschen und Pferde und Wagen – und die Kälte! Aus den Nüstern der heiß gejagten Tiere strömt weißer Dampf, durch den weichen, lockeren Schnee schlagen die Hufe zuweilen hell klingend auf das Steinpflaster. Und wie die Menschen sich alle drängen! Und lieber Gott, wie gern er etwas essen würde, wenn auch nur ein kleines Stückchen, gleichviel was. Und die Finger schmerzen so sehr.

Und da ist wieder eine andere Straße. Da ist es

aber wirklich schön. Aber was ist denn das? Oh, was für ein großes Fenster, und hinter dem Fenster ist ein Zimmer, und in diesem Zimmer ist ein Baum bis an die Decke, ein Christbaum, eine große Tanne, und an der flimmern so viel Flämmchen, so viele goldene Sachen und hängen Äpfel, und ringsum sind Püppchen und Pferde, und Kinder laufen im Zimmer umher, und alle sind sie so festlich gekleidet, so sauber und schön, und sie lachen und spielen und trinken und essen schönes Naschwerk. Und da hört man auch Musik, durch die großen Scheiben hört man sie ganz deutlich. Der kleine Junge schaut und wundert sich, aber dann spürt er doch wieder, dass ihn die Hände so schmerzen, und er läuft weiter.

Wieder sieht er durch ein Fenster ein Zimmer. Dort sind mehrere solcher Bäume, aber nicht so große, und auf den Tischen sind lauter Kuchen, rote und gelbe und weiße und braune, und hinter dem langen Tisch stehen vier reich gekleidete Damen, und jedem, der an den Tisch kommt, geben sie von ihrem schönen Kuchen. Die Tür öffnet sich jeden Augenblick, und viele Menschen gehen von der Straße zu ihnen hinein. Der Junge steht und guckt; und wie die Tür sich wieder öffnet, da schlüpft auch er hinein.

Ach, wie man ihm böse ist, ihn anschreit und fortjagt! Eine von den Damen kommt schnell auf ihn zu, gibt ihm eine Kopeke, und dann öffnet sie selbst die Tür und schickt ihn wieder hinaus auf die Straße ... wie er erschrak! Die Kopeke fiel ihm gleich aus der Hand und schlug klingend auf die Treppenstufe. Er konnte die blauroten Finger nicht mehr biegen, um sie zu halten.
So schnell er kann, läuft er weiter. Aber wohin? Er ist so traurig, so bitter traurig, darüber, dass er sich so allein und verlassen fühlt, und Bangigkeit will wieder über ihn kommen. Doch plötzlich – was gibt es dort wieder zu sehen? Da stehen die Menschen dicht gedrängt und staunen: Hinter großen Scheiben stehen drei kleine Puppen in roten und grünen Kleidchen, und ein alter Mann spielt auf einer großen Geige, zwei andere spielen auf kleinen Geigen und nicken dazu im Takt mit den Köpfen. Zuerst dachte das Kind, dass sie alle wirklich lebendig seien, als es aber dann erriet und sich überzeugte, dass es Püppchen waren, da musste es lachen. Solche Püppchen hatte der Kleine noch nie gesehen.
Plötzlich fühlte er, dass ihn jemand hinten am Röckchen packt: Ein großer Junge steht hinter ihm, haut ihn plötzlich auf den Kopf, reißt ihm das

Mützchen ab und versetzt ihm einen derben Tritt. Der Kleine fällt hin. Doch da schreit schon alles und schilt, dass ihm angst und bange wird und er aufspringt und läuft und läuft, bis die hellen Straßen hinter ihm liegen. Unter einem Hoftor kriecht er auf einen fremden Hof und hockt sich dort hinter einem Holzstapel hin. »Hier wird man mich nicht finden, und es ist auch dunkel«, denkt er.
Und so hockt er ganz still und kauert sich zusammen und kann kaum noch atmen vor Angst. Aber plötzlich, ganz plötzlich, wird ihm so wohl, die Füße und Hände schmerzen nicht mehr, und ihm wird so warm wie auf einem Ofenbänkchen. »Ich werde hier noch ein Weilchen sitzen, und dann gehe ich wieder zu den Püppchen«, denkt er und lächelt in Gedanken an sie. Und dann ist es ihm, als höre er auf einmal seine Mutter singen, ganz leise, aber er hört es doch. »Mama, ich schlafe – ach, wie ist es hier schön zu schlafen.«
»Komm zu mir, zum Christbaum, es ist Weihnacht, Kind«, flüstert über ihm eine leise Stimme. Er denkt, das wäre nun seine Mama, aber nein, das ist sie nicht. Wer rief ihn denn? Das sieht er nicht, aber jemand beugt sich über ihn und umfängt ihn in der Dunkelheit, und er streckt ihm die Hand entgegen – da plötzlich – oh, wie viel Licht!

Welch ein Christbaum! Es leuchtet und strahlt alles um ihn, viele schöne Puppen überall – doch nein, das sind ja alles kleine Knaben und Mädchen. Sie schweben, sie küssen ihn, sie tragen ihn mit sich fort. Er fühlt, dass er schon schwebt – und dort, ja dort ist seine Mama, die nickt und lächelt ihm selig zu.
»Mama! Mama! Ach, wie ist es hier schön, Mama!«, ruft der Junge. Er umarmt die Kinder und will ihnen schnell alles von den Püppchen erzählen. »Wer seid ihr, Jungen, und wer seid ihr, Mädchen?« fragt er sie lachend und hat sie alle schon lieb.
»Es ist hier Weihnacht beim Christkind«, antworten sie ihm, »das ist hier im Himmel immer ein Christfest für all die kleinen Kinder, die auf Erden keinen Christbaum haben.« Und er erfährt, dass alle die Jungen und Mädchen einst auf Erden ebensolche Kinder waren wie er.
Die Mütter dieser Kinder stehen auch dort. Sie weinen, und eine jede erkennt ihren Jungen oder ihr Mädchen, die nun zu ihnen schweben und sie küssen. Sie wischen ihnen die Tränen mit ihren Händen von den Wangen und bitten sie, nicht zu weinen, denn sie hätten es jetzt ja so gut …

*Fjodor M. Dostojewski*

# ICH TRÄUMTE

Ich träumte in der Weihnachtsnacht, ich wanderte durch die Tiefen des Himmels und sah einen Engel über die Wolken gehen. Die Lichtgestalt lächelte und trat zu mir und sagte: »Kennst du mich? Ich bin der Engel des Friedens. Ich tröste die Menschen und bin bei ihnen in ihrem großen Kummer. Wenn er zu groß wird, wenn sie sich auf dem harten Boden der Erde wundgelegen haben, so nehme ich ihre Seele an mein Herz und trage sie zur Höhe und lege sie auf die weiche Wolke des Todes nieder. Alle diese Wolken ziehen mit ihren Schläfern gen Morgen, und wenn die Sonne aufgeht, erwachen sie und leben.«

*Jean Paul*

# STILLE NACHT, HEILIGE NACHT

Stille Nacht, heilige Nacht!
Alles schläft, einsam wacht
nur das traute, hochheilige Paar.
Holder Knabe im lockigen Haar,
schlaf in himmlischer Ruh, –
schlaf in himmlischer Ruh.

Stille Nacht, heilige Nacht!
Hirten erst kundgemacht,
durch der Engel Halleluja
tönt es laut von fern und nah:
Christ, der Retter, ist da! –
Christ, der Retter, ist da!

Stille Nacht, heilige Nacht!
Gottes Sohn, o wie lacht
Lieb aus deinem göttlichen Mund,
da uns schlägt die rettende Stund,
Christ, in deiner Geburt. –
Christ, in deiner Geburt.

*Joseph Franz Mohr*

# STILLE NACHT, HEILIGE NACHT

Stille Nacht, heilige Nacht.
Hirten erst kundgemacht,
durch der Engel Halleluja
tönt es laut von fern und nah:
Christ, der Retter ist da.

Stille Nacht, heilige Nacht,
Gott hat sich klein gemacht.
Liegt als Kindlein im nächtlichen Stall,
hat erschaffen die Welt und das All.
Kommt, wir beten an.

Stille Nacht, heilige Nacht.
Liebe hat Heil gebracht.
Kommt vom Himmel im göttlichen Wort,
nun wird Erde zum himmlischen Ort,
Christ, in deiner Geburt.

*Joseph Franz Mohr/Silja Walter*

# ICH STEH AN DEINER KRIPPE HIER

Ich steh an deiner Krippe hier,
o Jesu, du mein Leben;
ich komme, bring und schenke dir,
was du mir hast gegeben.
Nimm hin, es ist mein Geist und Sinn,
Herz, Seel und Mut, nimm alles hin
und lass dirs wohlgefallen.

Da ich noch nicht geboren war,
da bist du mir geboren
und hast mich dir zu eigen gar,
eh ich dich kannt, erkoren.
Eh ich durch deine Hand gemacht,
da hast du schon bei dir gedacht,
wie du mein wolltest werden.

Ich lag in tiefster Todesnacht,
du warest meine Sonne,
die Sonne, die mir zugebracht
Licht, Leben, Freud und Wonne.
O Sonne, die das werte Licht
des Glaubens in mir zugericht',
wie schön sind deine Strahlen!

Ich sehe dich mit Freuden an
und kann mich nicht satt sehen;
und weil ich nun nicht weiter kann,
bleib ich anbetend stehen.
O dass mein Sinn ein Abgrund wär
und meine Seel ein weites Meer,
dass ich dich möchte fassen.

Wann oft mein Herz vor Kummer weint
und keinen Trost kann finden,
rufst du mir zu: »Ich bin dein Freund,
ein Tilger deiner Sünden.
Was trauerst du, o Bruder mein?
Du sollst ja guter Dinge sein,
ich sühne deine Schulden.«

Du fragest nicht nach Lust der Welt,
noch nach des Leibes Freuden;
du hast dich bei uns eingestellt,
an unsrer Statt zu leiden,
suchst meiner Seelen Herrlichkeit
durch Elend und Armseligkeit;
das will ich dir nicht wehren.

Eins aber, hoff ich, wirst du mir,
mein Heiland, nicht versagen:

dass ich dich möge für und für
in, bei und an mir tragen.
So lass mich doch dein Kripplein sein;
komm, komm und lege bei mir ein
dich und all deine Freuden.

*Paul Gerhardt*

## WIE EIN ENGEL AUSSIEHT

Es war alles so schnell gegangen. Ganz überraschend aber war das Schreckliche nicht gekommen. Schon vor einigen Tagen kreisten Hubschrauber über dem abgelegenen Seitental des Großen Zab-Flusses. Die Kinder liefen auf die nahen Hügel, um die knatternden Monster zu sehen. Von dort oben konnte man bei klarem Himmel bis zum Cilo Dagi schauen, dem großen Berg, der aber schon jenseits der Grenze in der Türkei liegt. Nur von weitem, so erzählten die Kinder mit Begeisterung, hätten sie die donnernden Metallvögel gesehen. »Ob Engel so ähnlich aussehen?«, wollte ein Hirtenmädchen wissen. Doch die Erwachsenen schüttelten den Kopf. Die metallenen Ungeheuer waren für sie eher Teufel als Engel.Wie Engel aber aussehen, könnten sich die Menschen nicht vorstellen. Und Bilder von Engeln gebe es keine. Der Koran verbietet alle Bilder von Gott und seinen Engeln.

Ein paar Tage lang blieb es ruhig und alle hofften, dass die Unruhen ihr Dorf verschonen würden. Doch wenn das Ungetüm des Krieges einmal entfesselt ist, so kann es niemand mehr bändigen und es verschlingt alles. Mitten in der Nacht wurden sie aus dem Schlaf gerissen. Zuerst waren Schüsse zu hören. Dann Einschläge von Granaten. Einige Männer wussten sofort: »Panzer!« Schon kurze Zeit später waren die raaelnden Geräusche der Ketten zu hören, die mit unheimlicher Geschwindigkeit talaufwärts näher kamen. Es gab kein elektrisches Licht in Kündö. Im Schein von Petroleumlampen packte man schnell das Kostbarste ein, um damit auf die umliegenden Hügel und von dort in die felsigen Bergtäler zu fliehen.

Naze war mit ihrem zweijährigen Mädchen auf den Armen losgelaufen, während ihr Mann Risgar noch ein paar Sachen zusammensuchte. Überall hörte man die Schreie der Dorfbewohner, die im Dunkel wild durcheinander liefen, um sich vor dem nahenden Unheil zu retten. »Naze!«, schrie Risgar, der aus der Hütte heraus stolperte. »Hierher!«, hörte er die Stimme seiner Frau und lief auch schon los. Doch dann ein Blitz, ein lautes Krachen und die Druckwelle, die ihn zu Boden riss. Einen Augenblick lang lag Risgar wie tot. Sekunden später aber raffte er sich wieder auf und lief dorthin, wo Naze ihn gerufen hatte. Sie lag mit der weinenden Azade im Arm am Boden. Aber sie rührte sich nicht mehr. Als Risgar sie betastete, war ihr Kopf voller Blut. Sie war anscheinend von einem Granatensplitter getroffen worden. Risgar stand wie gelähmt vor Schmerz. Obwohl das Gedröhne der Panzer schon bedrohlich nahe gekommen war, rührte er sich nicht. Dann aber riss ihn das Schreien von Azade aus seiner Ohnmacht. Instinktiv griff er nach dem Kind, hob es auf die Schultern und lief in die Nacht hinaus. Er kannte die Hügel und die felsigen Täler auf der anderen Seite des Flusses. Er lief, ohne anzuhalten weiter und weiter. Nach Stunden kam er an den Fuß eines steilen Gebirges. Hier war er noch nie gewesen. Es dämmerte am Horizont, als er sich an den beschwerlichen Aufstieg machte.

Als Risgar in der darauffolgenden Nacht einen Bergkamm und damit die Grenze des Irak überschritten hatte, wanderte er noch lange, bis er endlich zu einem Dorf kam. Ängstlich schlich er sich näher, das erschöpfte Kind in seinen Armen. Als er die Leute in kurdischer Sprache reden hörte, weinte er vor Freude und Erschöpfung. Man nahm ihn auf und kümmerte sich um Azade. Hier war man an Flüchtlinge gewohnt. Die wenigen Habseligkeiten, die Risgar gerettet hatte, musste er als Preis für die weitere Fahrt abgeben. Er wusste nicht, wohin es gehen sollte. Doch man hatte ihm gesagt, es sein Land, wo er in Sicherheit wäre.
Das Asylbewerberheim liegt im Leipziger Westen, an der Ratzelstraße. Mit Hilfe eines Dolmetschers wurde Risgar über seine Rechte und Pflichten als Asylbewerber aufgeklärt und dass er die Stadt Leipzig nicht verlassen dürfe, bis sein Asylantrag angenommen sei. Sein Fall würde jetzt von den deutschen Behörden bearbeitet. Nach allem, was er erzählt habe, stünden seine Chancen nicht schlecht. Aber seine Aussagen müssten jetzt erst einmal auf ihren Wahrheitsgehalt geprüft werden. Und das könne dauern.
Risgar erlebte die Einquartierung und die zahlreichen Vernehmungen mit all den Papieren, die aus-

zufüllen waren, wie einen bösen Traum. Er war innerlich noch gar nicht in seinem Gastland angekommen. Der schreckliche Überfall auf sein Dorf, der entsetzliche Tod seiner Frau, die abenteuerliche Flucht, die beständige Sorge um die kleine Azade, die oft weinte und nach ihrer Mutter rief, all das wühlte ihn so auf, dass das Neue noch gar keinen Raum hatte. Doch er musste sich nun zwingen, das Vergangene loszulassen. Denn ihm ganz allein war jetzt das Leben von Azade anvertraut. Er spielte mit seinem Töchterchen, ging mit ihr spazieren und erzählte Geschichten aus Kündö und den Tälern des Großen Zabs. Vielleicht redete er dabei auch viel mit sich selbst, vor allem, wenn er von Naze sprach. Er hatte seine Frau sehr geliebt. Und wenn er seine Tochter in dem Zimmer, in dem sie beide schliefen, ins Bett gelegt hatte, saß er oft noch lange neben dem Kind und schaute das unschuldige Gesicht an. Es war das Gesicht von Naze, und wenn er sich dann an seine Frau erinnerte, wurden seine Augen feucht.
So vieles war ungewohnt an seiner neuen Umgebung. Als Erstes fiel Risgar auf, dass es hier schon so früh dunkel wurde. So kurze Tage hatte er noch nie erlebt und er fürchtete sich vor der langen Dunkelheit. Dann bemerkte er, dass es in

Deutschland fast keine Kinder gab. Bei ihm zu Hause waren die Straßen der Dörfer und Städte immer voller Kinder. Aber hier sah man nur alte Leute. Eine Ausnahme gab es: Die Familien im Asylbewerberheim. Sie kamen aus den verschiedensten Ländern und hatten Schweres erlebt. Aber alle hatten Hoffnung auf eine bessere Zukunft und daher wohl auch Kinder.
Beim einkaufen nahm Risgar immer seine Tochter Azade mit. Er hätte sie auch bei einer Nachbarin aus dem Sudan lassen können, die hilfsbereit und freundlich war und selber drei kleine Kinder hatte. Aber Azade hing sehr an ihrem Vater und klammerte sich ständig an ihn. So gingen die beiden bis zu einem großen Gebäude in der Stuttgarter Allee, das eine Kuppel hatte wie eine Moschee. Aber es war keine Moschee. Es war ein Tempel zum Einkaufen, ein riesiger Bazar. Als Risgar das Einkaufs-Center zum ersten Mal betrat, stand er wie betäubt in der großen Halle und starrte auf all die verschiedenen Geschäfte und Läden. Er hatte einmal den Bazar von Mosul besucht, aber was er hier sah, übertraf alle seine Träume. So viele Kleider, Schuhe, Bücher und Geräte, von denen er noch gar nicht wusste, wozu sie dienten.

Er ging nach links und rechts und zeigte Azade all die bunten Sachen, die hier ausgestellt waren. Dann entdeckten die beiden einen ganz besonderen Laden. Schon im Schaufenster leuchteten und glitzerten viele Dinge. Azade strahlte über das ganze Gesicht, als ihr Vater mit ihr zusammen den Laden betrat. Da gab es grüne Nadelbäume aus Plastik, über und über behängt mit schillernden Kugeln und glitzernden Fäden. Es gab auch bunte Kerzen und große Stofftiere, die wie Hirsche aussahen. Plötzlich riss sich Azade von ihrem Vater los und lief auf ein Regal zu, in dem bunt angemalte Holzfiguren standen. Azade griff nach einer kleinen hölzernen Frauenfigur, die Flügel hatte und in ihren Händen eine dünne, rote Kerze trug, und drückte sie fest an sich. Risgar wollte seiner Tochter das Spielzeug schon wieder wegnehmen. Doch als er die leuchtenden Augen von Azade sah, brachte er es nicht mehr übers Herz, ihr die Holzfigur wieder zu nehmen. Risgar freute sich an der Freuder seiner Tochter, die in den letzten Wochen viel geweint hatte und so bezahlte er die hölzerne Figur mit der schmalen Kerze.

Am anderen Tag kam die Sozialarbeiterin, Frau Krusche, zu Besuch. Als sie die kleine Holzfigur sah, lächelte sie und erklärte Risgar in gebrochenem Kurdisch: »Das ist ein Feriste, ein Engel.« – »Ein Engel?«, staunte Risgar ungläubig. Noch nie hatte er einen Engel gesehen. Und er dachte: Wenn Engel so aussehen, dann war auch Naze ein Engel gewesen. Sie hatte zwar keine Flügel, aber oft hatte sie in der dunklen Hütte die Petroleumlampe angezündet und dann hatte ihr Gesicht immer so warm und hell geleuchtet. Bei diesen Gedanken musste Risgar weinen und Frau Krusche wurde für einen Augenblick unsicher, ob sie vielleicht etwas Falsches gesagt hatte. Aber Risgar weinte und lächelte zugleich und da ahnte sie, dass er sich an jemanden erinnerte und dass noch ein großer Schmerz über das Verlorene in ihm wohnte. Dann blieb Frau Krusche noch eine Weile schweigend sitzen und Risgar war ihr dafür dankbar.

Am nächsten Tag hatte Risgar seine Tochter nun doch bei der Nachbarin gelassen, um ins Stadtzentrum zu fahren. Am Hauptbahnhof stand er an einer Ampel und wusste zum Glück schon, wie eine solche funktioniert. Auf einmal trat eine rote Gestalt neben ihn, ein alter gebückter Mann mit einem riesigen weißen Bart und einer Mütze, unter der das ebenfalls schon silbergraue Haar in langen Locken hervorquoll. Und dann trug diese Gestalt auch noch einen großen Sack auf dem gebeugten Rücken. Risgar war einen Augenblick lang verwirrt und unsicher. Dann aber wollte er ganz spontan dem Alten dabei helfen, den schweren Sack über die Straße zu tragen. Doch da zog der Alte den Bart etwas beiseite und ein junges, lachendes Gesicht kam zum Vorschein. Jetzt war Risgar völlig durcheinander. »Ein Betrüger, der sich als alter Mann verkleidet!«, fuhr es ihm durch den Kopf. Er folgte der roten Gestalt in sicherer Entfernung, um zu beobachten, was dieser Mann wohl im Schilde führt. Als der Alte schließlich in ein Kaufhaus trat, eilte Risgar hinterher. Er sah, wie der rote Mann auf einer fahrenden Treppe nach oben entschwand. Flugs war auch Risgar auf dieser ungewohnten Treppe, doch da sah er mit Entsetzen, dass der Alte auf der anderen Seite schon wieder herunterkam. Jetzt verstand Risgar die Welt nicht mehr. Eben erst war der rote Mann dort oben um die Ecke verschwunden und jetzt war er schon wieder nach unten gefahren. Das konnte nicht mit rechten Dingen zugehen! Als Risgar oben ankam, sah er den Alten dort oben stehen. Jetzt fiel es ihm wie Schuppen von den Augen: Das waren zwei rote Männer gewesen! Es

handelt sich also um eine Bande. Aber was führen diese Betrüger im Schilde? Risgar konnte sich keinen Reim darauf machen. Da sich aber die roten Männer im Kaufhaus so ungeniert bewegten, wa ihm klar, dass sie mit dem Chef des Einkaufs-Centers unter einer Decke stecken mussten. Vielleicht handelt es sich um eine Art von Wächtern oder die roten Männer sollten einfach nur die Leute ins Kaufhaus locken. Das gelang ihnen anscheinend ziemlich gut, denn die Kaufhalle war brechend voll und alle Leute hasteten mit schweren Taschen beladen hin und her.
Als Risgar am Nachmittag ins Asylbewerberheim zurückkam, empfing ihn seine Nachbarin schon an der Haustür. Die beiden konnten sich zwar sprachlich kaum verständigen, aber Risgar sah am Gesicht der Sudanesin, dass etwas vorgefallen war. Schnell eilte er mit ihr zu Azade, die mit hochrotem Kopf in ihrem Bettchen lag. Risgar tastete nach der Stirn seiner Tochter und stellte fest, dass das Kind hohes Fieber hatte. Er rief sofort Frau Krusche an und die Nachbarin, die schon sehr gut deutsch konnte, erklärte der Sozialarbeiterin am Telefon, was vorgefallen war. Bald kam ein Kinderarzt und stellte fest, dass Azade wohl eine Grippe hatte, zum Glück jedoch nichts

Gefährliches. Aber das Kind müsse jetzt im Bett bleiben, viel trinken und vor allem ein bestimmtes Medikament bekommen. Er schrieb den Namen der Arznei auf einen Zettel und war schon wieder verschwunden.
Risgar war ganz in Sorge. Die Nachbarin erklärte ihm, er müsse jetzt mit dem Zettel zu einer Apotheke gehen, um das Medikament zu holen. Sie würde in der Zwischenzeit gerne auf Azade aufpassen. Schnell machte sich Risgar auf den Weg zur Apotheke in der Ratzelstraße. Doch diese war bereits geschlossen. Überhaupt fiel ihm jetzt auf, dass alle Geschäfte schon geschlossen waren. Dabei war gar kein Wochenende. Risgar fühlte sich auf einmal so schrecklich fremd in diesem Land, dessen Bräuche er nicht kannte und wo alles neu und ungewohnt war. Er kam sich ganz hilflos vor in dieser Nacht, in der zwar überall bunte Lichterketten brannten und die zugleich so kalt und unfreundlich war. Er brauchte jetzt das Medikament für seine Tochter und wusste nicht, wo er es finden sollte.
Da fiel ihm auf, dass irgendwo doch noch Licht brannte. Es war kein Geschäft, sondern ein merkwürdiger Laden, in dem die Männer immer an hohen, runden Tischen Bier tranken. Das Gebot

Allahs verbot den Alkohol und so hatte Risgar diesen Laden noch nie betreten. Jetzt aber öffnete er zaghaft die Tür und trat ein. Die wenigen Männer, die an einem der Tische standen, drehten sich um. »Ein Kümmeltürke!«, rief einer verächtlich. Risgar vestand den Ausdruck nicht, aber der Tonfall sagte ihm, dass er hier nicht willkommen war. Er wollte sich schon wieder umdrehen, als ein anderer Mann ihn ansprach: »Willst du ein Bier mit uns trinken?« Risgar schüttelte den Kopf und streckte dem Fremden den Zettel hin. Dieser überflog das Rezept. »Die Apotheke hat schon geschlossen.« Dann wandte er sich an die Bedienung: »Gib mir mal die Zeitung! Wegen der Bereischaftsdienste.«
Nach kurzer Suche hatte er herausgefunden, welche Apotheke am 24. 12. abends geöffnet war. Der Fremde zahlte sein Bier und ging Risgar voran, der ihm mit unsicheren Schritten folgte. Sie bestiegen die Straßenbahn und eine Stunde später standen die beiden vor dem Asylbewerberheim. Risgar hatte das Medikament in die Tasche gesteckt. Einen Augenblick lang zögerte der Fremde noch, dann aber ging er mit hinein und brummte: »Wer weiß, ob hier jemand den Beipackzettel verstehen kann!«

Nachdem der Fremde die Anweisungen gelesen hatte, gab er Azade zwei kleine Löffel von dem merkwürdigen Saft aus der braunen Flasche, die sie in der Apotheke geholt hatten. Dann löschte Risgar das Licht. Der Fremde wollte gehen, aber Risgar lud ihn ein, mit in die kleine Küche zu kommen. Dort holte er ein Stück Brot und Käse aus dem Schrank und setzte Wasser für einen Tee auf. Die beiden konnten sich nicht unterhalten. Und doch spürten sie beim gemeinsamen Essen, dass sie in dieser Nacht etwas verband. Ein Kind hatte sie zusammengeführt und irgendwie waren sie einander nicht mehr fremd. Risgar blickte dankbar in die Augen des Fremden. Doch dieser zuckte nur mit den Schultern und lächelte. Auch Risgar lächelte. Dann wollten sie noch einmal nach Azade sehen. »Vielleicht schläft sie schon«, sagte der Fremde und deutete auf den Holzengel mit der Kerze. Risgar verstand sofort. Sie würden kein Licht machen, sondern nur mit der Kerze in das Zimmer von Azade eintreten. Leise schlichen die zwei bis ans Bett des Mädchens. Azade schlief. Im warmen Kerzenschein sahen die beiden, dass Azade ruhig und tief atmete. Die beiden Männer sahen lange in das Gesicht des schlafenden Kindes und Risgar spürte, wie sich seine Sorgen lösten. Dann schaute er in das Gesicht des Fremden, der die Holzfigur mit der brennenden Kerze in der Hand hielt und dachte: »Jetzt weiß ich, wie ein Engel aussieht.«

*Andreas Knapp*

## JAUCHZET, IHR HIMMEL

Jauchzet, ihr Himmel, frohlocket ihr Engel,
in Chören,
singet dem Herren, dem Heiland der Menschen
zu Ehren.
Sehet doch da: Gott will so freundlich und nah
zu den Verlornen sich kehren.

Jauchzet, ihr Himmel, frohlocket ihr Enden
der Erden!
Gott und der Sünder, die sollen zu Freunden
nun werden.

Friede und Freud wird uns verkündiget heut;
freuet euch, Hirten und Herden!

Sehet dies Wunder, wie tief sich der Höchste
hier beuget;
sehet die Liebe, die endlich als Liebe sich zeiget!
Gott wird ein Kind, träget und hebet die Sünd;
alles anbetet und schweiget.

Gott ist im Fleische: wer kann dies Geheimnis
verstehen?
Hier ist die Pforte des Lebens nun offen zu sehen
Gehet hinein, eins mit dem Kinde zu sein,
die ihr zum Vater wollt gehen.

Hast du denn, Höchster, auch meiner noch
wollen gedenken?
Du willst dich selber, dein Herze der Liebe,
mir schenken.
Sollt nicht mein Sinn innigst sich freuen darin
und sich in Demut versenken?

König der Ehren, aus Liebe geworden zum Kinde,
dem ich auch wieder mein Herze in Liebe
verbinde:

du sollst es sein, den ich erwähle allein;
ewig entsag ich der Sünde.

Süßer Immanuel, werd auch in mir nun geboren,
komm doch, mein Heiland, denn ohne dich
bin ich verloren!
Wohne in mir, mach mich ganz eines mit dir,
der du mich liebend erkoren.

*Gerhard Tersteegen*

## GESEGNETE WEIHNACHT!

Sie ist Begegnung einfacher Herzen,
Mahnung zur inneren Reinigung,
zur Güte allen gegenüber,
weil die Güte und Liebe Gottes,
unseres Heilandes, erschienen ist.

Der Friede der guten und gerechten Menschen kommt von oben und hebt nach oben. Er will nichts mit den oberflächlichen Neigungen und Wünschen der Liebhaber dieser Welt gemein haben. Er überwindet alle Hindernisse und führt den Menschen von den gefährlichen Vergnügungen weg zu den wahren Freuden. Wie wir uns einem einzigen Willen und in einer einzigen Überzeugung des Glaubens, der Hoffnung und der Liebe vereint fühlen, möge uns der Geist des Friedens zum Frieden führen …

*Johannes* XXIII.

## DIE CHRISTNACHT

Es gibt keinen Moment im langen Jahre, wo man sich ihre immerfort mögliche Erscheinung und dann Allgegenwärtigkeit so lebhaft ins Gemüt zu rufen vermöchte, wie diese über die Jahrhunderte hin unabhängige Winternacht, die durch die unvergleichliche Hinzukunft jenes alle Wesen umwandelnden Kindes die Summe aller übrigen Erdennächte an Wert mit einem Schlage überwog und übertraf. Mag der leichte Sommer, wo das Dasein um ein Beträchtliches erträglicher und müheloser scheint, wo wir nicht so unmittelbarer Anfeindung aus der Luft und aus der heiter beschäftigten Natur uns zu erwehren haben –, mag der glücklichere Sommer uns mit Tröstungen verwöhnen –, was sind sie alle gegen die unermesslichen Trostschätze dieser außen unscheinbaren, ja armen Nacht, die nach innen zu plötzlich offensteht wie ein alle umfassendes und wärmendes Herz und die wirklich mit Schlägen ihres glockentönigen Herzens antwortet auf unser Hineinhorchen in den innersten Gewahrsam!

Alle Verkündigungen der Vorzeit reichten nicht hin, diese Nacht anzusagen, alle Hymnen, die zu ihrem Preis gesungen worden sind, reichten nicht an die Stille und Spannung heran, in der Hirten und Könige niederknieten – so wie ja auch wir, keiner von uns, je imstande gewesen ist, während diese Wundernacht ihm geschieht, die Maße seines Erlebens anzugeben.

Es ist so recht das Mysterium von dem knienden, von dem tiefknienden Menschen: dass er größer sei, seiner geistigen Natur nach, als der Stehende! welches in der Nacht gefeiert wird. Der Kniende, der sich ganz ans Knien gibt, verliert allerdings das Maß seiner Umgebung, selbst aufschauend, wüsste er nicht mehr zu sagen, was groß und was klein ist. Aber ob er gleich in seiner Abgebogenheit kaum die Höhe eines Kindes hat, so ist er, dieser Kniende, doch nicht klein zu nennen. Mit ihm verschiebt sich die Skala, denn er, indem er der eigentümlichen Schwere und Kraft in seinen Knien folgt, und die Stellung einnimmt, die sich zu ihnen hinbezieht, gehört bereits zu jener Welt, in der Höhe – Tiefe ist –, und wenn schon Höhe unserem Blick und unseren Apparaten unermesslich bleibt –: wer ermäße die Tiefe? Dieses aber ist die Nacht der aufgetanen strahlenden Tiefe.

*Rainer Maria Rilke*

## WEIHNACHTSABEND

Die fremde Stadt durchschritt ich sorgenvoll,
der Kinder denkend, die ich ließ zuhaus.
Weihnachten war's; durch alle Gassen scholl
der Kinder Jubel und des Markts Gebraus.

Und wie der Menschenstrom mich fortgespült,
drang mir ein heißes Stimmlein in das Ohr:
»Kauft, lieber Herr!« ein magres Händchen hielt
feilbietend mir ein ärmlich Spielzeug vor.

Ich schrak empor, und beim Laternenschein
sah ich ein bleiches Kinderangesicht;
wess Alter und Geschlecht es mochte sein,
erkannt ich im Vorübertreiben nicht.

Nur von dem Treppenstein, darauf es saß,
noch immer hört ich, mühsam, wie es schien,
»Kauft, lieber Herr!«, den Ruf ohn' Unterlass;
doch hat wohl keiner ihm Gehör verliehn.

Und ich? – War's Ungeschick, war es die Scham,
am Weg zu handeln mit dem Bettelkind?
Eh meine Hand zu meiner Börse kam,
verscholl das Stimmlein hinter mir im Wind.

Doch als ich endlich war mit mir allein,
erfasste mich die Angst im Herzen so,
als säß mein eigen Kind auf jenem Stein
und schrie nach Brot, indessen ich entfloh.

*Theodor Storm*

## BERGKRISTALL

Unsere Kirche feiert verschiedene Feste, welche zum Herzen dringen. Man kann sich kaum etwas Lieblicheres denken als Pfingsten und kaum etwas Ernsteres und Heiligeres als Ostern. Das Traurige und Schwermütige der Karwoche und darauf das Feierliche des Sonntags begleiten uns durch das Leben. Eines der schönsten Feste feiert die Kirche fast mitten im Winter, wo beinahe die längsten Nächte und kürzesten Tage sind, wo die Sonne am schiefsten gegen unsere Gefilde steht und Schnee alle Fluren deckt, das Fest der Weihnacht. Wie in vielen Ländern der Tag vor dem Geburtsfest des Herrn der Christabend heißt, so heißt er bei uns der heilige Abend, der darauf folgende Tag der heilige Tag und die dazwischen liegende Nacht die Weihnacht. Die katholische Kirche begeht den Christtag als den Tag der Geburt des Heilandes mit ihrer allergrößten kirchlichen Feier; in den meisten Gegenden wird schon die Mitternachtsstunde als die Geburtsstunde des Herrn mit prangender Nachtfeier geheiligt, zu der die Glocken durch die stille, finstere, winterliche Mitternachtluft laden, zu der die Bewohner mit Lichtern oder auf dunkeln, wohlbekannten Pfaden aus schneeigen Bergen an bereiften Wäldern vorbei und durch knarrende Obstgärten zu der Kirche eilen, aus der die feierlichen Töne kommen und die aus der Mitte des in beeiste Bäume gehüllten Dorfes mit den langen beleuchteten Fenstern emporragt.

Mit dem Kirchenfeste ist auch ein häusliches verbunden. Es hat sich fast in allen Ländern verbreitet, dass man den Kindern die Ankunft des Christkindleins – auch eines Kindes, des wunderbarsten, das je auf der Welt war – als ein heiteres, glänzendes, feierliches Ding zeigt, das durch das ganze Leben fortwirkt und manchmal noch spät im Alter bei trüben, schwermütigen oder rührenden Erinnerungen gleichsam als Rückblick in die einstige Zeit mit den bunten schimmernden Fittichen durch den öden, traurigen und ausgeleerten Nachthimmel fliegt. Man pflegt den Kindern die Geschenke zu geben, die das heilige Christkindlein gebracht hat, um ihnen Freude zu machen. Das tut man gewöhnlich am heiligen Abende, wenn die tiefe Dämmerung eingetreten ist. Man zündet Lichter und meistens sehr viele an, die oft mit den kleinen Kerzlein auf den schönen grünen Ästen eines Tannen- oder Fichtenbäumchens schweben, das mitten in der Stube steht. Die Kinder dürfen nicht eher kommen, als bis das Zeichen gegeben wird, dass der heilige Christ zugegen gewesen ist und die Geschenke, die er mitgebracht, hinterlassen hat. Dann geht die Tür auf, die Kleinen dürfen hinein, und bei dem herrlichen schimmernden Lichterglanze sehen sie Dinge auf dem Baume hängen oder auf dem Tische herumgebreitet, die alle Vorstellungen ihrer Einbildungskraft weit übertreffen, die sie sich nicht anzurühren getrauen und die sie endlich, wenn sie sie bekommen haben, den ganzen Abend in ihren Ärmchen herumtragen und mit sich in das Bett nehmen. Wenn sie dann zuweilen in ihre Träume hinein die Glockentöne der Mitternacht hören, durch welche die Großen in die Kirche zur Andacht gerufen werden, dann mag es ihnen sein, als zögen jetzt die Englein durch den Himmel oder als kehre der heilige Christ nach Hause, welcher nunmehr bei allen Kindern gewesen ist und jedem von ihnen ein herrliches Geschenk hinterbracht hat.

Wenn dann der folgende Tag, der Christtag, kommt, so ist er ihnen so feierlich, wenn sie frühmorgens mit ihren schönsten Kleidern angetan in der warmen Stube stehen, wenn der Vater und die Mutter sich zum Kirchgange schmücken, wenn zu Mittage ein feierliches Mahl ist, ein besseres als an jedem Tag des ganzen Jahres, und wenn nachmittags oder gegen Abend hin Freunde und Bekannte kommen, auf den Stühlen und Bänken herumsitzen, miteinander reden und behaglich durch die Fenster in die Wintergegend hinausschauen können, wo entweder die langsamen Flocken niederfallen oder ein trüber Nebel um die Berge steht oder die blutrote kalte Sonne hinabsinkt. An verschiedenen Stellen der Stube, entweder auf einem Stühlchen oder auf der Bank oder auf dem Fensterbrettchen liegen die zauberischen, nun aber schon bekannteren und vertrauteren Geschenke von gestern abend herum.

Hierauf vergeht der lange Winter, es kommt der Frühling und der unendlich dauernde Sommer – und wenn die Mutter wieder vom heiligen Christe erzählt, dass nun bald sein Festtag sein wird und dass er auch diesmal herabkommen werde, ist es den Kindern, als sei seit seinem letzten Erscheinen eine ewige Zeit vergangen und als liege die damalige Freude in einer weiten nebelgrauen Ferne.

Weil dieses Fest so lange nachhält, weil sein Abglanz so hoch in das Alter hinaufreicht, so stehen wir so gerne dabei, wenn Kinder dasselbe begehen und sich darüber freuen.

*Adalbert Stifter*

# WEIHNACHTSLIED

Vom Himmel in die tiefsten Klüfte
Ein milder Stern herniederlacht;
Es brennt der Baum, ein süß' Gedüfte
Durchschwimmet träumerisch die Lüfte,
Und kerzenhelle wird die Nacht.

Mit ist das Herz so froh erschrocken,
Das ist die liebe Weihnachtszeit!
Ich höre fernher Kirchenglocken
Mich lieblich heimatlich verlocken
In märchenstille Herrlichkeit.

Ein frommer Zauber hält mich wieder,
Anbetend, staunend muss ich stehn;
Es sinkt auf meine Augenlider
Ein goldner Kindertraum hernieder,
Ich fühl's, ein Wunder ist geschehn.

*Theodor Storm*

# DER WOLF AN DER KRIPPE

Es war einmal ein Wolf. Er lebt in der Gegend von Betlehem. Die Hirten wussten um seine Gefährlichkeit und waren allabendlich damit beschäftigt, ihre Schafe vor ihm in Sicherheit zu bringen. Stets hatte einer von ihnen Wache zu halten, denn der Wolf war hungrig und listig.

Es war in der heiligen Nacht. Eben war der wundersame Gesang der Engel vestummt.

Ein Kind sollte geboren worden sein, ein Knäblein. Der Wolf wunderte sich sehr, dass die rauhen Hirten allesamt hingingen, um ein Kind anzusehen. »Wegen eines neugeborenen Kindes solch ein Getue«, dachte der Wolf. Neugierig geworden und hungrig, wie er war, schlich er ihnen nach. Beim Stall angekommen, versteckte er sich und wartete.

Als sich die Hirten nach der Huldigung an das Jesulein von Maria und Josef verabschiedeten, hielt der Wolf seine Zeit für gekommen. Er wartete noch, bis Maria und Josef eingeschlafen waren; die ausgestandene Sorge und Freude über das Kind hatten ihre Lider schwer gemacht. »Um so besser«, dachte der Wolf, »ich werde mit dem Kind beginnen.« Auf leisen Pfoten schlich er in den Stall. Niemand bemerkte sein Kommen. Allein das Kind. Es blickte voll Liebe auf den Wolf, der Tatze vor Tatze setzend, sich lautlos an die Krippe heranschob. Er hatte den Rachen weit geöffnet, und die Zunge hing ihm heraus. Er war schrecklich anzusehen. Nun stand er dicht neben der Krippe. »Ein leichtes Fressen«, dachte der Wolf und schleckte sich begierig die Lefzen. Er setzte zum Sprung an. Da berührte ihn behutsam und liebevoll die Hand des Jesuskindes. Das erste Mal in seinem Leben streichelte jemand sein hässliches, struppiges Fell, und mit einer Stimme, wie der Wolf sie noch nie vernommen, sagte das Kind: »Wolf, ich liebe dich.«

Da geschah etwas Unvorstellbares – im dunklen Stall von Betlehem platzte die Tierhaut des Wolfes – und heraus stieg ein Mensch. Ein wirklicher Mensch. So, wie Gott ihn von Anfang an gedacht. Der Mensch sank in die Knie, küsste die Hände des Kindes und betete es an.

Alsdann verließ er den Stall – lautlos wie er zuvor als Wolf gekommen – und ging in die Welt, um die erlösende Berührung des göttlichen Kindes allen zu verkünden.

Niemand hat gesehen, was sich in jener Nacht zugetragen, nur das Jesuskind und der Mensch-

Gewordene wissen, was geschehen ist. Und die beiden wissen, dass dies noch immer geschieht an allen, die sich in ihrer Tierhaut der Krippe nahen und vom göttlichen Kind berühren lassen.

## VOM KÖNIG, DER GOTT SEHEN WOLLTE

In einem fernen Lande lebte einst ein König, den am Ende seiner Tage Schwermut befiel. »Seht«, sagt er, »nun habe ich in meinem Leben alles, was nur ein Mensch erleben und mit den Sinnen aufnehmen kann, erfahren, gehört und gesehen. Nur eines habe ich nicht gesehen in meinem ganzen Leben: Gott habe ich nicht gesehen. Ihn wünschte ich noch zu sehen.«

Deshalb erließ der König an alle Machthaber, Weisen und Priester den Befehl, ihm Gott zu zeigen. Schwerste Strafen wurden ihnen angedroht, wenn es ihnen nicht gelänge. Der König gewährte eine Frist von drei Tagen.

Trauer kam über die Bewohner des königlichen Palastes, und alle warteten auf ihr bevorstehendes Ende. Genau nach drei Tagen um die Mittagszeit ließ der König sie vor sich rufen. Die Münder der Machthaber, der Weisen und Priester aber blieben stumm. In seinem Zorn war der König schon bereit, das Todesurteil auszusprechen.
Da kam ein Hirte vom Felde, der von des Königs Befehl gehört hatte, und sage: »Erlaube mir, König, deinen Wunsch zu erfüllen!«
»Gut«, sagte der König »aber bedenke, es geht um deinen Kopf.«
Der Hirte führte den König auf einen freien Platz und zeigte ihm die Sonne. »Sieh hin«, sagte er. Der König hob seine Augen und wollte die Sonne sehen. Aber Glanz blendete ihn, und er senkte den Kopf und schloss die Augen.
»Willst du, dass ich erblinde?«, sagte er zu dem Hirten.
»Aber König, das ist doch nur ein Ding der Schöpfung, ein schwacher Abglanz der Größe Gottes, ein kleines Fünkchen seines flammenden Feuers. Wie willst du mit deinen schwachen, tränenden Augen Gott sehen? Suche ihn mit anderen Augen!«
Der Einfall gefiel dem König. Er sagte zu dem Hirten: »Ich erkenne deinen Geist und sehe die Grö-

ße deiner Seele. Antworte mir nun: Was war vor Gott?«
Nach einigem Nachdenken sagte der Hirte: »Nicht so! Fange mit dem an, was vor eins kommt.«
»Wie kann ich denn? Vor eins gibt es doch gar nichts.«
»Sehr weise gesprochen, Herr. Auch vor Gott gibt es nichts.«
Diese Antwort gefiel dem König noch besser als die vorhergehende. »Ich werde dich reich beschenken; vorher beantworte aber noch die dritte Frage: Was macht Gott?«
Der Hirte sah, dass des Königs Herz weich geworden war: »Gut«, sagte er, »auch darauf will ich dir antworten. Nur um eines bitte ich dich: Lass uns die Kleider für eine kurze Zeit tauschen.«
Und der König legte die Zeichen seiner Königswürde ab, kleidete damit den Hirten, und selbst zog er dessen unscheinbaren Rock an und hängte sich die Hirtentasche um. Und der Hirte setzte sich auf den Thron, nahm das Zepter und zeigte damit auf den an den Stufen des Thrones mit einer Hirtentasche stehenden König. »Siehst du, das macht Gott! Den einen erhebt er auf den Thron, und den anderen lässt er herunterstei-

gen.« Und der Hirte zog wieder seine eigene Kleidung an.
Der König stand in Gedanken versunken. Das letzte Wort des Hirten brannte auf seiner Seele. Aber plötzlich ermahnte er sich, und unter sichtbaren Zeichen der Freude sagte er: »Jetzt sehe ich Gott.«

*Leo Tolstoi*

## GOTTES LICHT

Gekommen in die Nacht
der Welt ist Gottes Licht;
wir sind daran erwacht
und schlummern fürder nicht.

Wir schlummern fürder nicht
den Weltbetäubungsschlummer,
wir blicken, wach im Licht,
aufs Nachtgrau ohne Kummer.

Wo ist der Nächte Graun?
Es ist vom Licht bezwungen;

wir blicken mit Vertraun
ins Licht, vom Licht durchdrungen.

Dass wir durchdrungen sind
vom Lichte, dem wir dienen,
wir zeigen's dem Gesind
der Nacht in unsern Mienen.

In hellen Mienen macht
sich kund die Kraft des Herrn,
und wer nicht in der Nacht
kann leuchten, ist kein Stern.

*Friedrich Rückert*

# FRÖHLICH SOLL MEIN HERZE SPRINGEN

Fröhlich soll mein Herze springen
Dieser Zeit, da vor Freud alle Engel singen.
Hört, hört, wie mit vollen Choren
Alle Luft laute ruft:
Christus ist geboren!

Heute geht aus seiner Kammer
Gottes Held, der die Welt
reißt aus allem Jammer.
Gott wird Mensch dir, Mensch, zu gute,
Gottes Kind, das verbind't
sich mit unserm Blute.

Nun er liegt in seiner Krippen,
Ruft zu sich mich und dich,
Spricht mit süßen Lippen:
»Lasset fahrn, o liebe Brüder,
was euch quält, was euch fehlt;
Ich bring alles wieder.«

Ei, so kommt und lasst uns laufen,
Stellt euch ein, groß und klein,

Eilt mit großen Haufen!
Liebt den, der vor Liebe brennet;
Schaut den Stern, der euch gern
Licht und Labsal gönnet.

Die ihr schwebt in großem Leide,
Sehet, hier ist die Tür
zu der wahren Freude;
Fasst ihn wohl, er wird euch führen
An den Ort, da hinfort
euch kein Kreuz wird rühren.

Süßes Heil, lass dich umfangen,
Lass mich dir, meine Zier,
unverrückt anhangen.
Du bist meines Lebens Leben;
Nun kann ich mich durch dich
wohl zufrieden geben.

Ich will dich mit Fleiß bewahren;
Ich will dir leben hier, Dir will ich hinfahren;
Mit dir will ich endlich schweben,
Voller Freud ohne Zeit
dort im andern Leben.

*Paul Gerhardt*

# GESCHICHTE VOM LICHT DES HIRTENJUNGEN

Als die Engel den Hirten verkündet hatten, dass im Stall von Betlehem der König der Welt geboren war, da suchte jeder nach einem passenden Geschenk, das er dem Kind in der Krippe mitbringen wollte.
»Ich bringe ein Schäfchen mit!«, meinte der eine. »Ich eine Kanne voll frischer Milch!«, sagte ein anderer. »Und ich eine warme Decke, damit das Kind nicht friert!«, rief ein dritter.
Unter den Hirten war aber auch ein Hirtenjunge. Der war bettelarm und hatte nichts, was er dem Kind schenken konnte. Traurig lief er zum Schafstall und suchte in dem winzigen Eckchen, das ihm gehörte nach etwas, was er vielleicht doch mitbringen könnte. Aber da war nichts, was auch nur den Anschein eines Geschenkes hatte. In seiner Not zündete der Hirtenjunge eine kleine Kerze an und suchte in jeder Ritze und in jeder Ecke. Doch alles Suchen war umsonst. Da setzte er sich endlich mitten auf den Fußboden und war traurig, dass ihm die Tränen herunterliefen. So bemerkte er gar nicht, dass ein anderer Hirte in den Stall

gekommen war und vor ihm stehen blieb. Er erschrak richtig, als ihn der Hirte ansprach: »Da bringen wir dem König der Welt alle möglichen Geschenke. Ich glaube aber, dass du das allerschönste Geschenk hast!«
Erstaunt blickte ihn der Junge mit verweinten Augen an. »Ich hab doch gar nichts!«, sagte er leise.
Da lachte der Hirte und meinte: »Schaut euch diesen Knirps an! Da hält er in seiner Hand eine leuchtende Kerze und meint, er habe gar nichts!«
»Soll ich dem Kind vielleicht die kleine Kerze schenken?«, fragte der Hirtenjunge aufgeregt.
»Es gibt nichts Schöneres!«, antwortete der Hirte ernst. Da stand der Hirtenjunge auf, legte seine Hand schützend vor die kleine Flamme und machte sich auf den Weg. als sie mit ihren Geschenken den Stall erreichten, war es dort kalt und dunkel. Als aber der Hirtenjunge mit seiner kleinen Kerze den Stall betrat, da breitete sich ein Leuchten und eine Wärme aus, und alle konnten Maria und Josef und das Kind in der Krippe sehen. So knieten die Hirten vor der Krippe und beteten den Herrn der Welt an, das kleine Kind mit dem Namen Jesus. Danach übergaben sie ihre Geschenke. Der Hirtenjunge aber stellte seine Kerze

ganz nah an die Krippe, und er konnte deutlich das Leuchten in Marias und Josefs Augen sehen.
»Das kleine Licht ist das allerschönste Geschenk!«, sagten die Hirten leise.
Und alle freuten sich an dem schönen Weihnachtslicht, das sogar den armseligen Stall warm und gemütlich machte.
Der Hirtenjunge aber spürte, wie in ihm selbst eine Wärme aufstieg, die ihn immer glücklicher machte. Und wieder musste er weinen, diesmal weil er sich so glücklich fühlte. Bis zum heutigen Tag zünden die Menschen vor Weihnachten Kerzen an, weil sie alle auf Weihnachten warten und ihnen das kleine Licht immer wieder Freude und Geborgenheit schenkt.

# WO GIBT ES HEUT NOCH FRIEDEN?

Wo gibt es heut noch Sterne,
die wie ein Kompass sind?
Wo gibt es heut Kometen,
die lenken hin zum Kind?

Wo gibt es heut noch Engel,
die in den Lüften sind,
die singen, jauchzen, loben
und künden uns vom Kind?

Wo gibt es heut noch Weise,
die auf der Reise sind,
die keine Mühsal scheuen
auf ihrem Weg zum Kind?

Wo gibt es heut noch Hirten,
die auf dem Felde sind,
verlassen ihre Herde
und ziehen zu dem Kind?

Wo gibt es heut noch Frieden?
So fang doch damit an!
In deinem Haus,
in deiner Stadt,
dann wär' schon viel getan!

*Barbara Cratzius*

## FRIEDE, FRIEDE! AUF DER ERDE!

Da die Hirten ihre Herde
Ließen und des Engels Worte
Trugen durch die niedre Pforte
Zu der Mutter und dem Kind,
Fuhr das himmlische Gesind
Fort im Sternenraum zu singen,
Fuhr der Himmel fort zu klingen:
»Friede, Friede! auf der Erde!«

Seit die Engel so geraten,
O wie viele blut'ge Taten

Hat der Streit auf wildem Pferde,
Der geharnischte, vollbracht!
In wie mancher Heil'gen Nacht
Sang der Chor der Geister zagend,
Dringlich flehend, leis verklagend:
»Friede, Friede … auf der Erde!«

Doch es ist ein ew'ger Glaube,
Dass der Schwache nicht zum Raube
Jeder frechen Mordgebärde
Werde fallen allezeit:
Etwas wie Gerechtigkeit
Webt und wirkt in Mord und Grauen
Und ein Reich will sich erbauen,
Das den Frieden sucht der Erde.

Mählich wird es sich gestalten,
Seines heil'gen Amtes walten,
Waffen schmieden ohne Fährde,
Flammenschwerter für das Recht,
Und ein königlich Geschlecht
Wird erblühn mit starken Söhnen,
Dessen helle Tuben dröhnen:
Friede, Friede auf der Erde!

*Conrad Ferdinand Meyer*

# DAS ALTE JAHR IST NUN DAHIN

Das alte Jahr ist nun dahin,
Herr Gott, zu dir steht unser Sinn,
wir loben deine Gnad gar groß,
die du uns stets erzeiget hast.

Du hast uns dies vergangne Jahr
aus Not gerissen und Gefahr,
oft mehr verliehn, denn wir begehrt:
Dafür sei stets von uns verehrt.

Wir bitten ferner, frommer Gott,
steh uns auch bei in aller Not;
gib unsrer Obrigkeit auch Gnad,
wend ab den Krieg, gibt Friedens Rat.

*Michael Praetorius*

# IN DANKBARKEIT BEWAHREN

Mögest du in deinem Herzen
das vergangene Jahr
in Dankbarkeit bewahren.

Mit jedem Jahr wachsen die Gaben,
die Gott dir schenkte,
um alle, die du liebst,
mit Freude zu erfüllen.

In jeder Stunde,
Freude und Leid,
lächelt der Menschgewordene
dir zu –
bleib du in seiner Nähe.

*Irischer Segenswunsch*

# NEUJAHR

Gesegnet sei das Neue Jahr,
gesegnet Jesu Namen,
gesegnet dieser Gnadentag,
denn Gott will sich erbarmen.
Wir ziehen an ein neues Herz
und opfern uns dem Herren,
kein anderes Geschenk will er,
als dass wir ihn begehren.

*Aus Irland*

# DER BETTLER

## Begegnung am ersten Tag des Jahres

Ich ging die Straße hinunter, als mich ein dürftiger, gebrechlicher Greis anhielt.
Entzündete, tränende Augen, fahlblaue Lippen, zerfetzte Lumpen, unsaubere Schwären. Oh, wie entsetzlich hatte die Not dieses unglückliche Geschöpf verunstaltet!
Er streckte mir seine gerötete, verschwollene, schmutzige Hand entgegen. Dabei stöhnte er, bat um Hilfe.
Ich begann, alle meine Taschen zu durchsuchen. Aber weder Geldbeutel noch Uhr, nicht einmal ein Taschentuch war da. Ich hatte nichts mitgenommen, da ich nur etwas Luft schnappen wollte.
Der Bettler aber wartete noch immer. Seine vorgestreckte Hand bebte und zitterte vor Schwäche.
Verwirrt und verlegen ergriff ich diese schmutzige, zitternde Hand und drückte sie: »Zürne mir nicht, Bruder – ich habe gar nichts bei mir.«
Der Bettler richtete seine entzündeten Augen auf mich. Ein schwaches Lächeln kam auf seine fahlen Lippen. Und dann drückte auch er meine erkalteten Finger.

»Lass es gut sein, Bruder«, sagte er leise, »auch dafür bin ich dir dankbar, denn auch das ist eine Gabe, mein Bruder.«
Da fühlte ich, dass auch ich von meinem Bruder eine Gabe empfangen hatte, an diesem ersten Tag des neuen Jahres.

*Iwan Turgenjew*

## ZUM NEUEN JAHR

Ein bisschen mehr Freude und weniger Streit,
ein bisschen mehr Güte und weniger Neid,
ein bisschen mehr Liebe und weniger Hass,
ein bisschen mehr Wahrheit, das wär' doch was!

Statt soviel Unrast ein bisschen Ruh',
statt immer nur ich ein bisschen mehr du,
statt Angst und Hemmung ein bisschen mehr Mut
und Kraft zum Handeln, das wäre gut.

Kein Trübsal und Dunkel, ein bisschen mehr Licht,
kein quälend Verlangen, ein froher Verzicht,
und viel mehr Blumen, solange es geht,
nicht erst auf Gräbern, denn da blüh'n sie zu spät.

*Peter Rosegger*

## BIS IM MORGENLICHT ENGEL MIR WINKEN

Führe du, mildes Licht, im Dunkel,
das mich umgibt,
führe du mich hinan!
Die Nacht ist finster, und ich bin fern der Heimat:
führe du mich hinan!
Leite du meinen Fuß – sehe ich auch nicht weiter:
Wenn ich nur sehe jeden Schritt.

Einst war ich weit, zu beten,
dass du mich führest.
Selbst wollt' ich wählen.
Selbst mir Licht, trotzend dem Abgrund,
dachte ich meinen Pfad zu bestimmen,
setzte mir stolz das eigene Ziel.
Aber jetzt – lass es vergessen sein.

Du hast so lang mich behütet –
wirst mich auch weiter führen:
Über sumpfiges Moor,
über Ströme und lauernde Klippen,
bis vorüber die Nacht
und im Morgenlicht Engel mir winken.
Ach, ich habe sie längst geliebt –
Nur vergessen für kurze Zeit.

*John Henry Newman*

## NEUJAHRSSEGEN

Freundlich hast du mich
aus dem Dunkel der Nacht
zum Licht des neuen Tages geführt.
Lob sei dir, guter Gott!
Segne diesen Tag und alle meine Tage,
die ich unterwegs bin zu dir.
Auf schmalen Straßen
komme ich zu deiner bergenden Burg.
Schütze mich auf dem Meer
und auf dem Land,
wie du Brendan geschützt hast
und Bran.

*Aus Irland*

# ZWÖLF MIT DER POST

Es war klirrender Frost, sternenklare Luft, windstill. »Bums!«, wurde ein Topf an die Tür geworfen, »Paff!«, schoss man das neue Jahr ein; es war Silvesterabend; nun schlug die Uhr zwölf.

»Trateratra!«, kam die Post. Die große Postkutsche hielt draußen vor dem Stadttor, sie brachte zwölf Personen, mehr konnte sie nicht aufnehmen, alle Plätze waren besetzt.

»Hurra! Hurra!«, wurde in den Häusern gesungen, wo die Leute Silvester feierten und sich gerade mit den gefüllten Gläsern erhoben hatten und auf das neue Jahr tranken.

»Gesundheit und Glück im neuen Jahr!«, sangen sie. »Ein Frauchen! Viel Geld! Schluss mit allem Ärger!«

Ja, das wünschte man sich gegenseitig, und darauf wurde angestoßen, und vor dem Stadttor hielt die Post mit den fremden Gästen, den zwölf Reisenden.

Was für Personen waren das? Sie hatten Pässe und Reisegepäck mit, ja, Geschenke für dich und mich und alle Menschen in der Stadt. Wer waren die Fremden? Was wollten sie, und was brachten sie?

»Guten Morgen!«, sagten sie zu der Schildwache am Tor.
»Guten Morgen«, sagte die Schildwache, denn es hatte ja zwölf geschlagen.
»Ihr Name? Ihr Beruf?«, frage die Schildwache den, der zuerst ausstieg.
»Sehen Sie im Pass nach«, antwortete der Mann. »Ich bin ich!« Er war denn auch ein ganzer Kerl, bekleidet mit Bärenpelz und Kufenstiefeln. »Ich bin der Mann, auf den sehr viele ihre Hoffnungen setzen. Komm morgen, dann erhältst du ein Neujahrsgeschenk! Ich werfe mit Groschen und Talern um mich, mache Geschenke, ja, ich gebe Bälle, im ganzen einunddreißig Bälle, mehr Nächte habe ich nicht zu vergeben. Meine Schiffe sind eingefroren, aber in meinem Kontor ist es warm. Ich bin Großkaufmann und heiße Januar. Ich habe nur Rechnungen bei mir.«
Dann kam der nächste, ein Spaßmacher, er war Direktor der Lustspiele, der Maskeraden und aller Vergnügungen, die es gibt. Sein Gepäck bestand aus einem großen Fass.
»Aus dem Fass wollen wir in der Fastnachtszeit mehr als einen Kater holen«, sagte er. »Ich will andere und mich selbst belustigen, denn ich habe von allen in der Familie die kürzeste Lebensdau-

er; ich werde nur achtundzwanzig! Ja, vielleicht schaltet man mir noch einen Tag ein, aber das ist gleichviel. Hurra!«

»Sie dürfen nicht so laut schreien«, sagte die Schildwache.

»Aber freilich darf ich das«, sagte der Mann, »ich bin Prinz Karneval und reise unter dem Namen Februarius.«

Nun kam der dritte; er sah aus wie das reine Fasten, doch er trug den Kopf hoch, denn er war verwandt mit den Rittern ohne Furcht und Tadel und war Wetterprophet; aber das ist kein fettes Amt, darum lobte er die Fastenzeit. Sein Schmuck war ein Veilchensträußchen im Knopfloch, aber es waren sehr kleine Veilchen.

»März, vorwärts!«, rief der vierte und schubste den dritten. »Vorwärts, März! Hinein in die Wachstube, hier gibt es Punsch, ich rieche ihn!« Aber das stimmte nicht, er wollte ihn in den April schicken, damit begann der vierte Bursche. Er sah leichtsinnig aus; er arbeitete sicher nicht viel, sondern machte viele Feiertage. »Auf und ab mit der Laune!«, sagte er. »Regen und Sonnenschein ziehen aus und ziehen ein! Ich bin auch Umzugskommissar, ich bin Leichenbitter, ich kann sowohl lachen als auch weinen. Ich habe Sommersachen im Koffer, aber es wäre töricht, sie anzuziehen. Hier bin ich! In vollem Staat gehe ich in Seidenstrümpfen und mit einem Muff.«

Jetzt stieg eine Dame aus dem Wagen.

»Fräulein Mai«, sagte sie. Sie trug ein Sommerkleid aus buchenblattgrüner Seide und hatte Anemonen im Haar, und sie duftete derartig nach Waldmeister, dass die Schildwache niesen musste. »Gott segne Sie!«, sagte sie, das war ihr Gruß. Sie war niedlich! Und Sängerin war sie, nicht im Theater, sondern im Wald, nicht in Zelten, nein, in den frischen grünen Wald ging sie und sang zu ihrem eigenen Vergnügen; sie hatte in ihrem Nähbeutel Christian Winthers »Holzschnitte«, denn sie sind wie der Buchenwald selbst, und »Kleine Verse von Richardt«, die wie Waldmeister sind.

»Jetzt kommt die Frau, die junge Frau!«, wurde im Wagen gerufen, und da kam die Frau, jung und fein, stolz und lieblich. Man sah sofort, dass sie dazu geboren war, den Tag der Siebenschläfer einzuhalten. Am längsten Tag des Jahres gab sie Gesellschaft, damit man Zeit hatte, die vielen Gerichte zu verspeisen; sie konnte es sich zwar leisten, im eigenen Wagen zu fahren, aber sie kam doch lieber mit der Post wie die andern, um zu beweisen, dass sie nicht hochmütig war; allein

reiste sie auch nicht, ihr jüngerer Bruder Julius begleitete sie.
Er war wohlgenährt, sommerlich gekleidet und trug einen Panamahut. Er hatte nur ganz wenig Gepäck, das war zu beschwerlich in der Hitze. Er hatte bloß Badekappe und Schwimmhose; das ist nicht viel.
Nun kam die Mutter, Madame August, Obsthändlerin tonnenweise, Landwirtin in großer Krinoline; sie war dick und erhitzt, beteiligte sich an allem, ging selbst mit dem Bierkrug zu den Arbeitern aufs Feld hinaus. »Im Schweiße seines Angesichts soll man sein Brot essen«, sagte sie, »das steht in der Bibel; danach kann man Erntefeste feiern!« Sie war Frau und Mutter.
Danach stieg wieder ein Mann aus, von Beruf Maler, ein Meister der Farbe, das bekam der Wald zu wissen; das Laub musste die Farbe wechseln, aber schön, wenn er es so haben wollte; rot, gelb und braun sah der Wald bald aus. Der Meister pfiff wie der Star, war ein flinker Arbeiter und hängte die braungrüne Hopfenranke um seinen Bierkrug, das schmückte, und für Schmuck hatte er offene Augen. Hier stand er nun mit seinem Farbentopf, das war sein ganzes Gepäck.
Hierauf folgte der Gutsbesitzer, der an den Saat-

monat dachte, ans Pflügen und an die Behandlung des Bodens, ja, auch ein wenig ans Jagdvergnügen; er hatte Hund und Gewehr, er hatte Nüsse in der Tasche, knickknack! Schrecklich viel Gepäck führte er mit, sogar einen englischen Pflug; er sprach von der Landwirtschaft, aber vor Husten und Keuchen konnte man nicht viel verstehen, hinter ihm kam nämlich November.

Er hatte Schnupfen, heftigen Schnupfen, so dass er ein Laken und kein Taschentuch benützte. Dennoch müsse er die Mägde zum neuen Dienst begleiten, sagte er, aber die Erkältung würde wohl vergehen, wenn das Holzhacken anfinge, und das wollte er tun, denn er war Sägemeister der Holzfäller. Die Abende verbrachte er mit dem Schnitzen von Schneeschuhen; er wusste, dass man dieses vergnügliche Schuhwerk in wenigen Wochen brauchen würde.

Nun kam als Letzte das alte Mütterchen mit dem Kohlenbrenner; sie fror, aber ihre Augen strahlten wie zwei klare Sterne. Sie trug einen Blumentopf mit einem Tannenbäumchen. »Das will ich hegen und pflegen, damit es bis Weihnachten groß wird, vom Fußboden bis zur Decke soll der Baum reichen mit brennenden Kerzen, vergoldeten Nüssen und ausgeschnittenen Figuren. Der Kohlenbrenner wärmt wie ein Kachelofen, ich nehme das Märchenbuch aus der Tasche und lese vor, so dass alle Kinder im Zimmer still werden, doch die Püppchen am Baum werden lebendig, und der kleine Wachsengel zuoberst an der Spitze schüttelt die Flittergoldflügel, fliegt von der grünen Spitze und küsst klein und groß im Zimmer, ja, auch die armen Kinder, die draußen stehen und Weihnachtslieder vom Stern über Betlehem singen.«

»Und jetzt kann die Kutsche abfahren«, sagte die Schildwache. »Nun haben wir das Dutzend. Lasst einen neuen Reisewagen kommen!«

»Zuerst sollen die Zwölf eintreten!«, sagte der Hauptmann, der Wache hatte. »Einer nach dem andern! Die Pässe behalte ich; sie gelten für jeden einen Monat lang. Wenn der Monat um ist, werde ich jedem darauf bescheinigen, wie er sich benommen hat. Bitte sehr, Herr Januar, kommen Sie herein.«

Und so ging er hinein.

Wenn ein Jahr um ist, werde ich dir sagen, was die Zwölf dir, mir und uns allen gebracht haben. Noch weiß ich es nicht, und sie wissen es wohl selbst nicht, denn wir leben in einer wunderlichen Zeit.

*Hans Christian Andersen*

## SEGEN FÜR DAS JAHR

Segne uns,
Herr, unser Gott, dieses Jahr
und die Fülle seines Ertrags
zum Guten.
Gib Segen für die Flur,
sättige uns mit deinem Gut
und segne unser Jahr
wie die guten Jahre.
Gelobt seiest du, Herr,
der die Jahre segnet.

*Aus dem jüdischen Achtzehngebet*

# DER ENGEL GOTTES SEI VOR DIR

Der Engel Gottes sei vor dir,
um dir den rechten Weg zu zeigen.

Der Engel Gottes sei neben dir,
um dich in die Arme zu schließen
und dich zu schützen.

Der Engel Gottes sei hinter dir,
um dich zu bewahren
vor der Heimtücke böser Menschen.

Der Engel Gottes sei unter dir,
um dich aufzufangen, wenn du fällst,
und dich aus der Schlinge zu ziehen.

Der Engel Gottes sei in dir,
um dich zu trösten,
wenn du traurig bist.

*Irischer Segenswunsch*

## DIE HULDIGUNG DER STERNDEUTER

Als Jesus zur Zeit des Königs Herodes in Betlehem in Judäa geboren worden war, kamen Sterndeuter aus dem Osten nach Jerusalem und fragten: Wo ist der neugeborene König der Juden? Wir haben seinen Stern aufgehen sehen und sind gekommen, um ihm zu huldigen.
Als König Herodes das hörte, erschrak er und mit ihm ganz Jerusalem. Er ließ alle Hohenpriester und Schriftgelehrten des Volkes zusammenkommen und erkundigte sich bei Ihnen, wo der Messias geboren werden solle.
Sie antworteten ihm: In Betlehem in Judäa; denn so steht es bei dem Propheten: Du, Betlehem im Gebiet Juda, bist keineswegs die unbedeutendste unter den führenden Städten von Juda; denn aus dir wird ein Fürst hervorgehen, der Hirt meines Volkes Israel.
Danach rief Herodes die Sterndeuter heimlich zu sich und ließ sich von ihnen genau sagen, wann der Stern erschienen war.
Dann schickte er sie nach Betlehem und sagte: Geht und forscht sorgfältig nach, wo das Kind ist;

und wenn ihr es gefunden habt, berichtet mir, damit auch ich hingehe und ihm huldige.
Nach diesen Worten des Königs machten sie sich auf den Weg. Und der Stern, den sie hatten aufgehen sehen, zog vor ihnen her bis zu dem Ort, wo das Kind war; dort blieb er stehen.
Als sie den Stern dahen, wurden sie von großer Freude erfüllt. Sie gingen in das Haus und sahen das Kind und Maria, seine Mutter; da fielen sie nieder und huldigten ihm. Dann holten sie ihre Schätze hervor und brachten ihm Gold, Weihrauch und Myrrhe als Gaben dar.
Weil ihnen aber im Traum geboten wurde, nicht zu Herodes zurückzukehren, zogen sie auf einem anderen Weg heim in ihr Land.

*Matthäus* 2,1–12

## DER WAHRE STERN DES LEBENS

Die Weisen aus dem Morgenland, diese großen Pilger auf der Suche nach dem Angesicht Gottes, stehen vor uns als Wegweiser, als Pilgerführer wie auch als Bilder unseres Lebens, denn wir alle sind auf der Suche nach dem wahren Stern, sind Wandernde, die in ihrem Leben nicht im Kreis gehen, sondern den rechten Weg und das rechte Ziel finden wollen. Die neue Bibelübersetzung nennt die Weisen »Sterndeuter«: Sie haben den wahren Stern gefunden, der sie auf den Weg des Lebens führte. Sterndeuter können und wollen wir nicht sein im Sinn der Astrologie, des immerwährenden und vergeblichen Versuchs, aus dem unabänderlichen Lauf der Gestirne Orakel für den Lauf unseres Lebens abzulesen. Und Sterndeuter wollen wir auch nicht sein im Sinn der Astronomie, die eine möglichst genaue Karte des Weltalls zu entwerfen versucht, diese unermesslichen Kontinente aufspürt und nachzeichnet, ihre Beschaffenheit und ihren Lauf wie vielleicht auch ihre Herkunft und Zukunft kennen möchte. Um anderes geht es: darum, die Sternbilder der Geschichte, das Sternbild unseres Lebens zu entschlüsseln.

Vielfältige Sterne bieten sich dem Menschen als Wegweiser an – Stars, die ihm das geglückte Leben versinnbilden sollen, Hoffnungen und Angebote: Besitz, Ansehen, Einfluss. All dies ist nichts Negatives, aber den Weg des Lebens zeigt es nicht. Du hast im Aufgehen des Lebens den wahren Stern freudig entdeckt – Christus, das Licht, das uns vorangeht, Weg und Ziel zugleich. Es ist wichtig, den Stern zu sehen und sich von ihm auf den Weg bringen zu lassen, nicht nur um ihm selber nachzugehen, sondern um anderen die Sternbilder des Lebens zu enträtseln und ihnen zu helfen, dass sie den finden, der in der Schöpfung, im Wort Gottes, im Sakrament, im Zeugnis gelebten Glaubens uns aufleuchtet, uns vorangeht und uns zum großen Aufbruch, zur Wanderschaft auf das wahre Ziel hin einlädt: das wirkliche Leben, die große Liebe, die bleibende Freundschaft, das unverlierbare Zuhause.
Wenn wir im Evangelium die Geschichte von den Weisen aufmerksam lesen, können wir drei Phasen ihres Weges unterscheiden. Da ist zunächst das Angerührtsein vom Stern und der große freudige Aufbruch. Aber dann kommt die Phase der Verdunklung, das Erlöschen des Sterns, die Ratlosigkeit und die Furcht vor dem Umsonst. Die

Augenblicke des Dunkels, das Erlöschen der Sterne oder doch ihr Sich-Verbergen – das gehört in jedes Leben hinein. In den Jahren nach dem Krieg und während des Konzils war die große Freude des Aufbruchs da. Alles schien offen und voller Verheißung. Aber dann kam das Erlöschen der Sterne, und viele sind weggegangen, weil sie glaubten, der Stern könne nicht wiederkommen und ihr Weg sei ins Leere gelaufen. Niemandem bleiben die Stunden des Dunkels erspart, der Herr schickt sie, damit unsere Sehnsucht wächst, damit wir Geduld erlernen, damit wir die Beharrlichkeit finden, die ihn nicht loslässt: Ich lasse dich nicht, du segnest mich denn. Ich glaube, wir müssen diese Geduld des Wartens, des Aushaltens, das demütige und beharrliche Klopfen an die Tür des schweigenden Gottes ganz neu erlernen; die Bibel ist voll davon. Erst so werden wir geformt, erst dieser innere Weg wird wahre Wanderschaft, Aufstieg zu den Höhen des Ewigen.
Die dritte Phase in der Geschichte der Weisen ist das Finden. Sie finden das Kind und seine Mutter, und sie beten sie an. Dieses Finden ist kein Ende, sondern neuer Beginn. Wie anders war dieses Finden, als sie es sich in der Stunde des Aufbruchs vorgestellt hatten! Wie armselig! Lohnte es den

schweren Weg? Ja. Gerade im völlig Anderen erkannten sie das wahrhaft Große, das mehr ist als der Prunk menschlichen Reichtums und menschlicher Macht. Sie erkannten das Angesicht Gottes. Dieses Finden, gerade in seiner Armseligkeit, war Umwandlung ihres Seins. Sie werden demütig, werden liebend, werden frei und neu. Sie gehen zurück, aber ihr Weg ist anders, und sie selbst sind anders geworden. So ist es mit allem Finden, das wirklich von Gott kommt. Er ist immer ganz anders als unsere Vorstellungen. Und gerade so verwandelt er uns selbst. Das Zeichen des wahren Findens ist die innere Freude, ist die Demut, die aufbricht, die Liebe, die nun großzügig schenken kann und nicht mehr nach sich umschaut, die Umwandlung unseres Weges und unseres Lebens. Das Finden ist Anbetung, SichHinwerfen vor Gott und Frohwerden ob seiner großen Herrlichkeit, die uns frei macht von dem ängstlichen Suchen nach unserer eigenen Herrlichkeit. Die ganze Ewigkeit wird ein solches Finden sein, das immer neu und immer größer ist und uns immer tiefer in Ihn hineinsinken lässt, selbstvergessen und froh ob der Herrlichkeit Gottes.

*Joseph Ratzinger/Benedikt* XVI.

# AM FESTE
# DER HEILIGEN DREI KÖNIGE

Durch die Nacht drei Wandrer ziehn,
Um die Stirnen Purpurbinden,
Tiefgebräunt von heißen Winden
Und der langen Reise Mühn.
Durch der Palmen säuselnd Grün
Folgt der Diener Schar von weiten;
Von der Dromedare Seiten
Goldene Kleinode glühn,
Wie sie klirrend vorwärts schreiten,
Süße Wohlgerüche fliehn.

Finsternis hüllt schwarz und dicht,
Was die Gegend mag enthalten;
Riesig drohen die Gestalten:
Wandrer, fürchtet ihr euch nicht?
Doch ob tausend Schleier flicht
Los und leicht die Wolkenaue:
Siegreich durch das zarte Graue
Sich ein funkelnd Sternlein bricht.
Langsam wallt es durch das Blaue,
Und der Zug folgt seinem Licht.

Horch, die Diener flüstern leis:
»Will noch nicht die Stadt erscheinen
Mit den Tempeln und den Hainen,
Sie, der schweren Mühe Preis?
Ob die Wüste brannte heiß,
Ob die Nattern uns umschlangen,
Uns die Tiger nachgegangen,
Ob der Glutwind dörrt' den Schweiß:
Augen an den Gaben hangen
Für den König, stark und weis'.«

Sonder Sorge, sonder Acht,
Wie drei stille Monde ziehen
Um des Sonnensternes Glühen,
Ziehn die dreie durch die Nacht,
Wenn die Staublawine kracht,
Wenn mit grausig schönen Flecken
Sich der Wüste Blumen strecken,
Schaun sie still auf jene Macht,
Die sie sicher wird bedecken,
Die den Stern hat angefacht.

O ihr hohen heil'gen drei!
In der Finsternis geboren,
Hat euch kaum ein Strahl erkoren,
Und ihr folgt so fromm und treu!

Und du, meine Seele, frei
Schwelgend in der Gnade Wogen,
Mit Gewalt ans Licht gezogen,
Suchst die Finsternis aufs neu'!
O wie hast du dich betrogen;
Tränen blieben dir und Reu'!

Dennoch, Seele, fasse Mut!
Magst du nimmer gleich ergründen,
Wie du kannst Vergebung finden;
Gott ist über alles gut!
Hast du in der Reue Flut
Dich gerettet aus der Menge,
Ob sie dir das Mark versenge
Siedend in geheimer Glut,
Lässt dich nimmer dem Gedränge,
Der dich warb mit seinem Blut.

Einen Strahl bin ich nicht wert,
Nicht den kleinsten Schein von oben.
Herr, ich will dich freudig loben,
Was Dein Wille mir beschert!
Sei es Gram, der mich verzehrt,
Soll mein Liebstes ich verlieren,
Soll ich keine Tröstung spüren,
Sei mir kein Gebet erhört:

Kann es nur zu Dir mich führen,
Dann willkommen Flamm' und Schwert.

*Annette von Droste-Hülshoff*

## DAS GLÜCK DER WEISEN

Weise ist der Mann, der aus den Händen des Glücks nicht mehr verlangt, als er bedarf, und der seine Ruhe nicht in der Befriedung, sondern in der Mäßigung seiner Begierden sucht. Kann er sich auch nicht in Seide und Purpur hüllen: er will nur seine Blöße decken. Reizen auch Indiens Gewürze und Zyperns Weine seinen Gaumen nicht, er will nur seinen eigenen Körper nähren und seine Kräfte unterstützen. Keine Marmorsäulen tragen sein Dach, aber es schützt ihn gegen die Stürme des Himmels. Er wird nicht unter den Reichen, nicht unter den Angesehenen seines Volkes gepriesen, ihm genügt der Name eines guten Menschen, eines friedlichen Bürgers, eines treuen Familienvaters. Er sieht sich nicht von Schmeichlern umlagert; kein Schwarm von Dienern erwartet seine Befehle; keine Klienten huldigen ihm; keine Fremden drängen sich zu seiner Bekanntschaft; ihm genügt ein Freund. Um sich sein mäßiges Glück zu gönnen, gönnt er jedem andern sein großes.

Das wahre und sichere Glück des Lebens liegt nicht außer uns, sondern in uns; nicht in den Goldkisten, nicht in dem Adelsbriefe, nicht in dem schäumenden Pokal, sondern in ruhigen, zur Freude rein gestimmten Herzen. Wer mit einer Brust voll ungeziemter, brennender Leidenschaft seine Ruhe im Reichtum oder in dem Stande sucht, findet sie nie. Er hat eine Million gehäuft und findet sie nicht; er häuft die zweite und findet sie noch nicht. Er ist aus dem Staube in die Ratsstube, in das Kabinett des Fürsten, an die Spitze einer Armee, auf den Thron gestiegen. Immer höher und nie erreichbar stieg sie vor ihm auf, je höher er selber stieg. Selbst auf dem Thron sitzt sie nur für den, der sie auf den Thron mitbringt. Nur der Zufriedene, der seine Wünsche auf das beschränkt, was Natur und Glück und Fleiß ihm gewährt, und in dem Besitz und Genuss dessen seine Wünsche befriedigt sieht, nur er hat Ruhe und für die Freude des Lebens einen offenen Sinn. Nur ihm lächelt der Frühling und seine Blüten; ihm schwanken die Gipfel des Blütenhains in der kraftbewegten Luft; ihm flüstert die vertrauliche Quelle. Sanfter Schlummer besucht seine Lagerstätte, während auf seidenen Polstern den Reichen die Sorgen, den Ehrsüchtigen der Neid, den Schwächling die Sünden quälen und der Ausschweifende in lärmenden Sälen sich zum Schwächlich entkräftet; und mit leichtem Sinn und leichtem Herzen wacht er am Morgen auf, begrüßt die wiederkehrende Sonne und hat ein offenes Herz für alle neuen Freuden der Natur.

Um sich sein gemäßigtes Glück zu gönnen, gönnt er jedem andern sein größeres. Dankbar und mit Vertrauen blickt er zum Himmel auf, der die Waage des Schicksals hält. Ohne Reue schaut er in die Vergangenheit, ohne Furcht in die Zukunft. Untreu ist jeder andere Besitz, unentreißbar nur der, den wir im Herzen tragen.

*Johann Peter Hebel*

# DIE LEGENDE VON DEN HEILIGEN DREI KÖNIGEN

Als die drei Könige sich – jeder in seinem Reiche – mit aller Pracht und Kostbarkeit und großem Gefolge für die Reise gerüstet hatten, machten sie sich auf den Weg. Keiner wusste von dem anderen, doch wurde jeder von ihnen auf seinem Wege von dem Stern geführt: er ging mit ihnen weiter, wenn sie ritten, er stand mit ihnen still, wenn sie anhielten. Bei Nacht leuchtete er nicht wie ein Stern oder wie der Mond: strahlend hell wie die Sonne stand er über ihrem Wege. Da zu dieser Zeit Friede herrschte auf der ganzen Erde, standen die Stadttore Tag und Nacht offen. Die Bewohner der Städte und Dörfer, die sie durchzogen, erschraken und waren voller Verwunderung: denn sie sahen Könige mit großem Gefolge – und auf ihrem Wege war es taghell – auch des Nachts!
Niemand wusste, woher sie kamen und wohin sie gingen; am Morgen war der Boden von den Hufen unzähliger Tiere zerstampft. Von solchem Geschehen sprach man lange Zeit.
Die drei ruhmreichen Könige kamen bald in andere Länder und fremde Gegenden. Jeder machte

seinen Weg über Flüsse, Wüsten und Berge, durch Ebenen, Täler und schreckliche Sümpfe ohne irgendwelche Hindernisse. Alle schwierigen und steilen Wege wurden leicht und eben. Sie ruhten weder Tag noch Nacht, sie brauchten weder Speise noch Trank; ohne zu essen und zu schlafen, kamen sie bis nach Betlehem; es schien ihnen nur ein Tag zu sein. So gelangten sie unter Gottes und des Sternes Führung am dreizehnten Tag nach der Geburt des Herrn bei Sonnenaufgang vor Jerusalem an.

Die ruhmvollen Könige näherten sich mit ihrem Gefolge, jeder auf seinem besonderen Wege, der Stadt Jerusalem bis auf zwei Meilen. Da plötzlich bedeckte dichter Nebel und undurchdringliche Finsternis das ganze Land. Und sie verloren den Stern. Jesaja hatte prophezeit: »Auf, werde licht, Jerusalem, denn dein Licht wird kommen, die Herrlichkeit des Herrn erstrahlt dir. Denn Finsternis bedecket die Erde und Wolkendunkel die Nationen.«

Zuerst kam König Melchior mit seinem Gefolge vor Jerusalem auf dem Kalvarienberge an, auf dem später der Herr gekreuzigt wurde. Auf Gottes Wink lagerte er hier in Nebel und Dunkelheit. Der Kalvarienberg ist ein hoher Fels, fast zwölf Stufen hoch; hier wurden damals die Verbrecher hinge-

richtet. In der Nähe liefen drei Straßen zusammen; dort blieb Melchior, weil er im Nebel den rechten Weg nicht wusste. Bald darauf kam Balthasar, der König von Godolien und Saba, mit seinem Gefolge und lagerte neben dem Ölberg bei einem kleinen Dorf, das Galiläa heißt.
Als die beiden Könige Melchior und Balthasar hier rasteten, hob sich der Nebel ein wenig, aber der Stern schien nicht. Beide – doch ohne einander zu sehen – zogen etwas weiter, und als sie an die Wegkreuzung gelangten, da gerade kam Caspar, der König von Tharsis und der Insel Egrisoulla, mit seinem Gefolge herauf. An dieser Kreuzung dreier Straßen trafen sich die Könige. Nie zuvor hatten sie sich gesehen, und sie kannten einander nicht. Jetzt aber umarmten und küssten sie sich voller Freude. Obwohl sie verschiedene Sprachen redeten, verstanden sie sich. Jeder erzählte den Anlass zu seiner Reise, und als sie hörten, dass sie alle drei dasselbe Ziel hatten, wurden sie noch viel froher und freudiger. In diesem Augenblick zerteilte sich der Nebel völlig, die Sonne ging auf, und die Könige zogen ein in Jerusalem. Sie erfuhren, es sei die Königsstadt, die ihre Vorfahren oft erobert hatten; sie hofften, den neugeborenen König hier zu finden.

Vor solch einem riesigen, wohlgerüsteten und unerwarteten Zuge erschrak Herodes und die ganze Stadt, denn das gesamte Gefolge war nun so groß, dass die Mauern die große Menschenmenge nicht fassen konnten; der größte Teil musste daher außerhalb bleiben und lag wie ein Belagerungsheer rings um die Stadt.
Als die drei Könige nun in Jerusalem einzogen, fragten sie alle Leute nach dem neugeborenen König der Juden. Sie fragten: »Wo ist der neugeborene König der Juden? Wir haben seinen Stern aufleuchten sehen und sind gekommen, um ihm zu huldigen.«
Als der König Herodes dies hörte, geriet er in Erregung, und ganz Jerusalem mit ihm. Er ließ alle Oberpriester und Schriftgelehrten des Volkes zusammenkommen und fragte sie aus, wo der Christus geboren werden solle. Sie gaben ihm zur Antwort: »Zu Betlehem in Judäa. Denn also steht beim Propheten geschrieben: ›Und du, Betlehem im Lande Juda, bist keineswegs die geringste unter den Fürstenstädten Judas; denn aus dir wird der Fürst hervorgehen, der mein Volk Israel regieren soll‹« (Mich 5,1).
Die Könige erfuhren von den Schriftgelehrten, wo Jesus geboren war, und verließen darauf Jerusa-

lem. Und plötzlich sahen sie den Stern wieder. Er ging vor ihnen her bis nach Betlehem, das zwei kleine Meilen von Jerusalem entfernt liegt. Ihr Weg führte an den Weiden vorbei, wo der Engel den Hirten die Geburt des Herrn verkündet hatte. Als die Hirten die Könige und den Stern erblickten, liefen sie eilig herbei und erzählten, dass ihnen in solch strahlendem Himmelslicht ein Engel erschienen sei und ihnen die Geburt des Herrn verkündet habe. Auch berichteten sie alles, was sie in Betlehem gehört und gesehen hatten. Das vernahmen die Könige in froher Bewegung! Sie freuten sich über die Worte und Beteuerungen der Hirten, sie hatten ja auch eine Stimme aus dem Stern gehört und hegten keinerlei Zweifel.

Die drei Könige beschenkten die Hirten reichlich, dann verabschiedeten sie sich und ritten weiter. Kurz vor Betlehem saßen sie ab, kleideten sich in ihre königlichen Gewänder und legten ihren schönsten Schmuck an. Wiederum ging der Stern vor ihnen her, und je näher sie Betlehem kamen, desto heller erstrahlte sein Licht.

Sie waren in der ersten Stunde von Jerusalem aufgebrochen, in der sechsten Stunde des gleichen Tages kamen sie nach Betlehem. Sie ritten durch die Straße, die »Die Bedeckte« hieß, an deren

Ende der Stall und die Höhle lagen. Und plötzlich stand der Stern über dem Stalle still. Er senkte sich herab zwischen die verfallenen Wände aus Lehm und Stein und leuchtete dort mit unbeschreiblicher Klarheit. Der alte Stall und die Höhle waren voll strahlenden Lichts. Dann stieg der Stern wieder in die Höhe des Himmels und stand dort unbeweglich. Doch ein wundersamer Glanz verblieb in der Höhle, und »sie traten in das Haus, sahen das Kind mit Maria, seiner Mutter, fielen nieder und huldigten ihm. Dann öffneten sie ihre Truhen und brachten ihm Geschenke dar: Gold, Weihrauch und Myrrhe.«.
Als die drei Könige den Herrn angebetet und ihm ihre Gaben dargebracht hatten, empfanden sie und ihr Gefolge wieder Müdigkeit, Hunger und Durst, während sie den weiten Weg von den äußersten Grenzen der Erde ohne jede Speise und Trank und ohne Schlaf zurückgelegt hatten. Jetzt schliefen und aßen sie; den ganzen Tag brachten sie in Ruhe in Betlehem und den benachbarten Orten zu. Überall erzählten sie in Bescheidenheit, warum sie aus so weiter Ferne gekommen waren und wie der Stern sie so wunderbar geführt hatte. Durch solche Erzählungen erstarkte der Glaube der Heiden, die Juden aber ärgerten sich darüber.

Der Evangelist erzählt: Die Könige empfingen im Traum den Befehl, sie sollten nicht wieder zu Herodes zurückkehren. So zogen sie auf einem anderen Weg nach Hause. Nun aber leuchtete ihnen der Stern nicht mehr. Auf dem Rückwege suchten sie bei Nacht Unterkunft, sie hatten Speise und Trank nötig für sich und ihr Gefolge und Futter für ihre Tiere wie andere Reisende auch. Auf drei verschiedenen Wegen, aus drei verschiedenen Ländern waren die Könige gekommen und hatten sich auf wunderbare Weise getroffen. Jetzt kehrten sie auf einem Weg zurück.

*Johannes von Hildesheim*

# DIE ANBETUNG DER HEILIGEN DREI KÖNIGE

Als nun ihr Zug in das Tal hinter der Krippenhöhle bei dem Grabe Marahas gelangt war, stiegen sie von ihren Tieren, und ihre Leute packten vieles ab und schlugen ein großes Zelt auf, das sie bei sich führten, und trafen andere Einrichtungen zu einem Lagerplatz mit Hilfe einiger Hirten, welche ihnen die Stellen anwiesen.

Es war schon ein Teil des Lagers geordnet, als die Könige den Stern hell und klar über dem Krippenhügel erscheinen und den aus ihm strömenden Lichterguss senkrecht darauf niedersteigen sahen. Er schien, sich vergrößernd, zu nahen, und wuchs zu einer Lichtmasse, dass er mir wie ein Leintuch groß schien. Ich sah aber, wie sie anfangs sehr verwundert schauten. Es war schon düster, sie sahen kein Haus, sondern nur die Form eines Hügels, gleich einem Walle; plötzlich aber ergriff sie eine große Freude, denn sie sahen in dem Glanze die leuchtende Gestalt eines Kindes, wie sie dieselbe früher in dem Sterne gesehen hatten. Da entblößten sie alle ihre Häupter und bezeugten ihre Verehrung, und die drei Köni-

ge schritten zu dem Hügel und fanden die Tür der Höhle. Mensor öffnete die Türe und sah die Höhle voll von himmlischem Lichte und im Hintergrund die Jungfrau mit dem Kinde gerade so sitzen, wie sie dieselbe in ihren Geschichten gesehen hatten. Sogleich trat er zurück und sagte dies seinen Gefährten; indes trat Josef mit einem alten Hirten ihnen aus der Höhle entgegen, und sie sagten ihm einfältig, wie sie kämen, den neugeborenen König der Juden, dessen Stern sie gesehen, anzubeten und ihm Geschenke zu bringen. Josef hieß sie freundlich willkommen, und der alte Hirte begleitete sie zu ihrer Schar und war ihnen bei ihren Einrichtungen behilflich; es räumten ihnen einige dort befindliche Hirten Schuppen ein.
Sie selbst rüsteten sich zu der feierlichen Handlung, die sie vorhatten. Ich sah sie große weiße Mäntel, welche eine lange Schleppe hatten, umlegen, sie waren gelblich schimmernd wie von roher Seide, und ungemein fein und leicht wehten sie um sie her. Es waren dies immer ihre Mäntel bei religiösen Feierlichkeiten. Sie hatten alle drei um die Mitte ihres Leibes an ihren Gürteln allerlei Beutel und goldene Büchsen, gleich Zuckerdosen mit Knöpfen darauf, an Kettchen hängen, und gingen deshalb breit in ihren Mänteln einher. Jedem

der Könige folgten die vier Begleiter aus seiner Familie. Außer diesen waren einige Diener Mensors dabei, welche eine kleine Tafel gleich einem Präsentierteller und einen Teppich mit Quasten und einige andere leichte Zeugbahnen trugen.
Als sie dem heiligen Josef in schöner Ordnung unter das Dach vor der Türe der Krippe gefolgt waren, bedeckten sie die Tafel mit dem Quastenteppich, und ein jeder der drei Könige stellte einige der drei goldenen Büchsen und Gefäße darauf, die er von seinem Gürtel löste, und dieses waren ihre gemeinschaftlichen Geschenke. Mensor und alle anderen lösten die Sandalen von ihren Füßen. Josef öffnete die Tür der Höhle. Zwei Jünglinge von Mensors Gefolge gingen vor diesem her und breiteten eine Zeugbahn vor seinen Schritten auf den Boden der Höhle und gingen zurück, ihm folgten dicht zwei andere mit der Tafel der Geschenke, die er ihnen, vor der heiligen Jungfrau angekommen, abnahm und, auf ein Knie niederfallend, zu ihren Füßen auf ein niederes Gestell ehrerbietig hinsetzte. Die Träger gingen zurück. Hinter Mensor standen die vier Begleiter aus seiner Familie demütig vorgebeugt. Seir und Theokeno standen mit den Ihrigen zurück im Eingang bis unter dem Dach vor der Türe. Als sie eintraten,

waren sie alle ganz trunken von Andacht und Rührung und wie durchleuchtet von dem Lichte, welches den Raum erfüllte, und doch war kein anderes Licht zugegen als das Licht der Welt. Maria lag mehr, auf einen Arm gestützt, als sie saß auf einem Teppich zur Linken des Jesuskindes, welches dem Eingang gegenüber auf der Stelle der Geburt in einer mit einem Teppich bedeckten Mulde lag, die auf einem Gestelle etwas erhöht stand. Im Augenblick des Eintritts aber richtete sich die heilige Jungfrau in sitzende Stellung auf und nahm das Jesuskind in ihren weiten Schleier vor sich auf den Schoß. Als Mensor kniete und, die Geschenke niedersetzend, rührende Worte der Huldigung sprach, indem er das unbedeckte Haupt demütig beugte und die Hände vor der Brust kreuzte, hatte Maria dem Kinde, welches rot und weiß darüber eingewickelt war, den Oberleib entblößt, und es sah lieblich schimmernd zwischen ihrem Schleier hervor. Sie stützte ihm mit der einen Hand das Köpfchen und hatte es mit der anderen umfasst. Es hatte seine Händchen vor der Brust, als bete es, und leuchtete vor Freundlichkeit, und manchmal griff es auch lieblich um sich her.

O wie selig still beten die lieben Männer aus dem Morgenlande an! Da ich dieses sah, sprach ich zu mir selbst: O wie sind diese Herzen so klar und ungetrübt, voll Güte und Unschuld wie fromme Kinderherzen. Nichts Heftiges ist in ihnen, und doch sind sie ganz Feuer und Liebe! Ich bin tot, ich bin ein Geist, sonst könnte ich das nicht sehen, denn dieses ist doch nicht jetzt und ist dennoch jetzt. Das ist aber nicht in der Zeit, in Gott ist keine Zeit, in Gott ist alles gegenwärtig, ich bin tot, ich bin ein Geist. Als ich so seltsam dachte, hörte ich zu mir sprechen: »Was kümmert dich das, sieh und lobe den Herrn, der ewig ist, und alles ist in ihm.«

Ich sah aber nun, dass Mensor aus einem Beutel, der an seinem Gürtel hing, eine Handvoll fingerlanger, dicker, schwerer Stäbchen, oben spitz und in der Mitte goldfarbig gekörnt und blinkend, hervorzog und der heiligen Jungfrau als seine Gabe demütig neben das Jesuskind auf den Schoß legte. Sie nahm das Gold liebevoll dankend an und bedeckte es mit einem Zipfel ihres Mantels. Mensor gab diese gewachsenen Goldstängchen, weil er voll Treue und Liebe war und mit unerschütterlicher, angestrengter Andacht nach der heiligen Wahrheit forschte.

Nun aber zog sich Mensor mit seinen vier Begleitern zurück, und Seir, der Braune, trat mit den Sei-

nigen heran und ließ sich auf beide Knie mit großer Demut nieder und bot mit rührenden Worten sein Geschenk dar, indem er ein goldenes Weihrauchschiffchen voll kleiner grünlicher Harzkörner auf die Tafel vor das Jesuskind niedersetzte. Er gab den Weihrauch, denn er war der, welcher sich willig und ehrerbietig anschmiegte und liebreich dem Willen Gottes folgte. Er kniete lange in großer Innigkeit da, ehe er sich zurückbegab.
Nach ihm nahte Theokeno, der weiße und älteste, er war sehr alt und dick und vermochte nicht niederzuknien; aber er stand tief gebeugt und stellte ein goldenes Gefäß mit einem feinen grünen Kraut auf die Tafel nieder. Es schien noch auf der Wurzel zu wachsen, es war ein ganz feines, grünes, aufrecht stehendes Bäumchen mit krausem Büschchen, worauf feine weiße Blümchen prangten. Es war Myrrhe. Er opferte Myrrhe, weil sie auf Abtötung und überwundene Leidenschaft deutet; denn dieser gute Mann hatte ungemeine Anfechtungen zum Götzendienst, zur Vielweiberei und Heftigkeit bekämpft. Er blieb sehr lange in großer Rührung mit seinen Begleitern vor dem Jesuskinde stehen, so dass mir um die anderen Diener vor der Krippe leid ward, dass sie so lange harren mussten, das Kindlein zu sehen.

Die Anreden der Könige und aller Nachfolgenden waren ungemein rührend und kindlich; indem sie sich niederließen und die Geschenke darreichten, sagten sie ungefähr: »Wir haben seinen Stern gesehen und dass er der König über alle Könige ist, und kommen, ihn anzubeten und ihm mit Geschenken zu huldigen ...« Sie waren ganz wie entzückt und empfahlen dem Jesuskinde in einem kindlichen liebtrunkenen Gebet sich, die Ihrigen, ihr Land und ihre Leute, ihr Hab und Gut und alles, was ihnen auf Erden wertvoll war; der neugeborene König möge doch ihre Herzen, ihre Seelen und all ihr Denken und Tun hinnehmen; er solle sie erleuchten, ihnen alle Tugend und der Erde Glück, Frieden und Liebe schenken. Dabei glühten sie in Demut und Liebe, und die Freudentränen rollten ihnen über Wangen und Bart. Sie waren ganz selig, sie glaubten, in dem Sterne nun selbst angekommen zu sein, nach welchem ihre Vorfahren seit Jahrtausenden mit so treuer Sehnsucht seufzend geschaut hatten. Alle Freude der nach vielen Jahrhunderten erfüllten Verheißung war in ihnen.
Die Muttergottes nahm alles ganz demütig dankend an, sie sprach anfangs nicht, eine einfache Bewegung unter ihrem Schleier aber drückte ihre rührende andächtige Freude aus. Das nackte

Leibchen des Kindes, das sie mit in den Schleier gefasst hatte, sah zwischen dem Mantel so leuchtend hervor. Am Schlusse sprach sie jedoch einige freundliche, demütige Worte des Dankes zu jedem und schlug dabei ihren Schleier ein wenig zurück.

Oh, da habe ich wohl wieder etwas gelernt, ich sprach zu mir selbst: O wie süß und lieblich dankend nimmt sie jede Gabe an; sie, die nichts braucht, die Jesus hat, nimmt jede Gabe der Liebe mit Demut an, da kann ich wohl lernen, wie man die Gaben der Liebe empfangen muss, auch ich will künftig jede milde Gabe mit Dank in aller Demut annehmen; und ach! wie gütig sind Maria und Josef! Für sich behielten sie schier gar nichts, sie teilten alles wieder den Armen aus.

*Clemens Brentano*

# DER STERN

Hätt einer auch fast mehr Verstand
als wie die drei Weisen aus Morgenland,
und ließe sich dünken, er wär wohl nie
dem Sternlein nachgereist wie sie –
dennoch, wenn nun das Weihnachtsfest
seine Lichtlein wonniglich scheinen lässt,
fällt auch auf sein verständig Gesicht,
er mag es merken oder nicht,
ein freundlicher Strahl
des Wundersterns von dazumal!

*Wilhelm Busch*

INHALTSVERZEICHNIS

QUELLENVERZEICHNIS

Martin Buber, Die Erzählungen der Chassidim © 1949 by Manesse Verlag, Zürich, in der Verlagsgruppe Random House GmbH, München

Barbara Cratzius: Engel brauchen keine Flügel. Wo gibt es heut noch Frieden? © Hartmut Cratzius

Anselm Grün: Ein Stern führt durch die Dunkelheit. © St. Benno-Verlag GmbH, Leipzig

Hermann Hesse: Der Heiland, aus Hermann Hesse, Sämtliche Werke, Band 10: Die Gedichte, © Suhrkamp Verlag Frankfurt am Main 2002

Johannes Jourdan: Der große Lobgesang der Tiere. © beim Autor

Andreas Knapp: Wie ein Engel aussieht. © beim Autor

Andreas Malessa: Frohes Fest – Ein Lied. © beim Autor

Joseph Ratzinger/Benedikt XVI.: Auf dem Weg und Der wahre Stern des Lebens aus: Du bist das Licht der Welt, © Libreria Editrice Vaticana, © St. Benno-Verlag, Leipzig

Jürgen Rennert: Das schöne, erhabene Märchen. © beim Autor

Silja Walter: Stille Nacht, heilige Nacht. © bei der Autorin

Helmut Wöllenstein: Das Märchen vom Auszug aller Ausländer. © beim Autor

Alle Bibeltexte:
Einheitsübersetzung der Heiligen Schrift
© 1980 Katholische Bibelanstalt, Stuttgart

Wir haben uns bemüht, alle Inhaber von Textrechten in Erfahrung zu bringen. Für zusätzliche Hinweise sind wir Ihnen dankbar.